THE BOOK OF BEN SIRA IN HEBREW

SUPPLEMENTS

TO

VETUS TESTAMENTUM

VOLUME LXVIII

THE BOOK OF BEN SIRA IN HEBREW

A TEXT EDITION OF ALL EXTANT HEBREW MANUSCRIPTS
AND
A SYNOPSIS OF ALL PARALLEL HEBREW BEN SIRA TEXTS

BY

PANCRATIUS C. BEENTJES

TUTA SUB AEGIDE PALLAS · 1683 ·

E.J. BRILL
LEIDEN · NEW YORK · KÖLN
1997

The paper in this book meets the guidelines for permanence and durability of the Committee on Production Guidelines for Book Longevity of the Council on Library Resources.

BS
1762
.B43
1997

Die Deutsche Bibliothek – CIP-Einheitsaufnahme

[Vetus testamentum / Supplements]
Supplements to Vetus testamentum. – Leiden ; New York ;
Köln : Brill.
Früher Schriftenreihe
Reihe Supplements zu: Vetus Testamentum
ISSN 0083-5889
NE: HST
Vol. 68. The Book of Ben Sira in Hebrew. - 1997

The Book of Ben Sira in Hebrew / by Pancratius C. Beentjes. -
Leiden ; New York ; Köln : Brill, 1997
(Supplements to Vetus testamentum ; Vol. 68)
ISBN 90-04-10767-3
NE: Beentjes, Pancratius C.

Library of Congress Cataloging-in-Publication Data
is also available

ISSN   0083-5889
ISBN   90 04 10767 3

PRINTED IN THE NETHERLANDS

CONTENTS

ACKNOWLEDGMENTS

The year 1996 commemorated the centenary of the discovery of the first (group of) Hebrew Ben Sira manuscript(s). In 1896, a leaf which had been brought to England by Mrs Agnes Lewis and Mrs Margaret Gibson was identified by Solomon Schechter as a fragment of the Hebrew text of the Book of Ben Sira. The next few months saw the discovery of a great number of Ben Sira fragments in Hebrew, which belonged to at least four manuscripts. After World War II, some Hebrew texts found at Qumran in the Judaean Desert could be identified as fragments of the Book of Ben Sira. In 1964 more than twenty parts of a Hebrew Ben Sira Scroll came to light at the fortress of Masada. The most recent discovery goes back to 1982. So now nine Hebrew manuscripts of Ben Sira have been recovered.

Celebrating this centenary, Ben Sira scholars from all over the world met for the first time in history at an International Ben Sira Conference held from 28-31 July 1996 at Soesterberg in the Netherlands. This new text edition and synopsis of all extant Hebrew Ben Sira manuscripts was published on the occasion of this centenary and this first international Ben Sira meeting.

I would like to thank some people who have been of great help to me in bringing this project to fruition. First, Dr Benjamin G. Wright, Lehigh University, Bethlehem, Pennsylvania (US), who provided me with his computerized Ben Sira text. However in quite a few instances, I have adjusted his data base and made alterations of my own. I am greatly indebted to Drs Joop van Klink, Alphen aan den Rijn (NL), Nico de Groot and Raymond Eilert, Catholic Theological University, Utrecht (NL) for their unremitting assistance in processing the electronic data into a readable Hebrew text. Dr Stefan C. Reif, Director of the Taylor-Schechter Genizah Research Unit, University of Cambridge (GB), Dr Seth Jerchower, Special Collections Research Associate of Jewish Theological Seminary of America, New York (US), and Dr Richard Judd, Hebrew Specialist Librarian of the Bodleian Library, Oxford (GB) kindly provided me with the actual signatures of some Hebrew Ben Sira manuscripts. I also would like to thank J. Christopher Rigg, Bennekom (NL) for correcting my English. Finally, let me thank Prof. André Lemaire, Paris, editor of *Supplements to Vetus Testamentum* and Publishing House E.J. Brill, Leyden, for accepting the manuscript in the series.

INTRODUCTION

Various text editions were published quite soon after the discovery in 1896 of some Hebrew fragments, identified as parts of the Book of Ben Sira.[1] Some new Hebrew manuscripts and fragments of the Book of Ben Sira were discovered between 1931 and 1960.[2] However especially after the discovery of the Ben Sira Scroll from Masada in 1964, a completely new edition was needed, to encompass all hitherto recovered texts.[3] In 1968, F. Vattioni published a useful polyglot[4] but his Hebrew text was based on Lévi's edition, which contains many imperfections and errors.[5] The most recent text edition was published in 1973 under the direction of Ze'ev

---

[1] A.E. Cowley & A. Neubauer, *The original Hebrew of a portion of Ecclesiasticus*, Oxford 1897; S. Schechter & C. Taylor, *The Wisdom of Ben Sira*, Cambridge 1899 (repr. Amsterdam, 1979); I. Knabenbauer, *Commentarius in Ecclesiasticum* (Cursus Scripturae Sacrae 6), Paris 1902; H.L. Strack, *Die Sprüche Jesus', des Sohnes Sirachs*, Leipzig 1903; I. Lévi, *The Hebrew text of the Book of Ecclesiasticus* (Semitic Study Series 3), Leyden 1904 (3rd ed. 1969); J. Touzard, *L'Ecclésiastique*, in F. Vigouroux (éd.), *La Sainte Bible Polyglotte*, Vol. 5, Paris 1904, 1–239; 885–970; N. Peters, *Liber Jesu Filii Sirach sive Ecclesiasticus hebraice*, Freiburg i. Br. 1905; R. Smend, *Die Weisheit des Jesus Sirach, hebräisch und deutsch*, Berlin 1906.

[2] J. Marcus, *The Newly Discovered Original Hebrew of Ben Sira (Ecclesiasticus xxxii, 16–xxxiv, 1)*, Philadelphia 1931; J. Schirmann, 'Dap ḥadaš mittôk Seper ben-Sira' ha-'ibrî', *Tarbiz* 27(1957–1958), 440–443; J. Schirmann, 'Dappîm nôsepîm mittôk Seper ben-Sira'', *Tarbiz* 29(1959–1960), 125–134; M. Baillet, J.T. Milik & R. de Vaux, *Les 'Petites Grottes' de Qumran* (Discoveries in the Judaean Desert 3), Oxford 1962; J.A. Sanders, *The Psalms Scroll of Qumran Cave 11 (11 QPsa)* (Discoveries in the Judaean Desert 4), Oxford 1965; Y. Yadin, *The Ben Sira Scroll from Masada*, Jerusalem 1965.

[3] The edition of M.H. Segal, *Seper ben-Sira' haššalem* (Jerusalem 1933; 2nd ed. 1958) provided only MSS A-B-C-D-E. Moreover the passages of Ben Sira that had not then been discovered were *retranslated* by Segal from Greek and Syriac into Hebrew. For these two reasons, this text edition is unreliable.

[4] F. Vattioni, *Ecclesiastico*. Testo ebraico con apparato critico e versioni greca, latina e siriaca (Testi 1), Naples 1968.

[5] In the edition of P. Boccaccio & G. Berardi, *Ecclesiasticus*, Rome 1976 ('Ad usum scholarum'), only the discoveries before 1931 were incorporated.

Ben-Ḥayyim, as a result of an extended project of 'The Academy of the Hebrew Language and the Shrine of the Book'.[6]

Since the end of the 1970s during intensive preoccupation with the Hebrew text of the Book of Ben Sira, I have become increasingly concerned about instances in which current text editions had given users a false impression of the texts of the recovered Hebrew manuscripts.[7] For instance both Vattioni and Ben-Ḥayyim rendered the Hebrew texts in the order of the *Greek* verses, i.e. contrary to the sequence of the recovered *Hebrew* manuscripts.[8] Meantime, A. Scheiber published a sixth Hebrew manuscript (F) of the Book of Ben Sira, and two minor fragments of MS C in 1982. Unfortunately he published those texts in a little known Hungarian periodical[9] and it took another six years before his article was noticed by A.A. Di Lella, who provided a more accurate, text-critical, edition of MS F.[10]

With this in mind at the end of the 1980s, I came up with the idea of publishing a new text edition of the Hebrew Book of Ben Sira. Such an edition should contain only the actual texts of the manuscripts of Hebrew Ben Sira, e.g. verses in the order found in the manuscripts and without reconstructions for illegible consonants or for larger gaps in the manuscripts. A second major reason for preparing a new text edition of the Hebrew Book of Ben Sira was to present a *synopsis* of all the extant Hebrew Ben Sira material.

---

[6] *The Book of Ben Sira*: Text, Concordance and an Analysis of the Vocabulary (The Historical Dictionary of the Hebrew Language), Jerusalem 1973.

[7] The way in which such inaccuracy can lead to exegetical misconstructions has been aired in P.C. Beentjes, 'The Reliability of Text-editions in Ben Sira 41,14–16', *Bijdragen* 49 (1988), 188–194.

[8] See, for instance, in both editions Sir. 3,25; 7,15; 11,32–12,1; 31,21–22; 31,27–28; 36,18 ff.; 37,24–25; 41,14–16; 42,9; 44,15; 46,16–20; 48,7–8; 51,19–20. See also Sir. 36,1–11a. 11b–17 [Ben-Ḥayyim] and Sir. 49,15–50,1 [Vattioni].

[9] A. Scheiber, 'A New Leaf of the Fourth Manuscript of the Ben Sira from the Geniza', *Magyar Könyvszemle* 98 (1982), 179–185.

[10] A.A. Di Lella, 'The Newly Discovered Sixth Manuscript of Ben Sira from the Cairo Geniza', *Biblica* 69 (1988), 226–238.

Method and approach

Once the decision was taken to prepare a Ben Sira synopsis, I was faced with some delicate questions of method and approach. At the outset, the text edition was intended merely as a running synopsis. However this option was abandoned for several reasons.

(1) In MSS B, E and F, and the Masada Scroll, the Hebrew text is arranged *sticho-metrically*: each (half of a) verse is written in two distinct columns, which are clearly marked off by a rather wide blank space. By contrast, MSS A, C, D, and 11QPs^{a}Sir present a *continuous* Hebrew text. The space of every line has been completely utilized. Not only there is no blank between the first and the second half of a colon, but neither is there a blank between one line and the other. An editor wanting to put together these two types of manuscripts is faced with a serious problem. Which of the two principles should he favour in order to present the material synoptically ? The only effective way would be to opt for the *stichometric* rendering, also on grounds of frequency. The manuscripts written stichometrically preserve a total of about 1000 verses, whereas the non-stichometric manuscripts represent a total of about 550 verses. However if these latter manuscripts be edited stichometrically, their essential feature would be completely lost.

(2) Special problems arose also for MS C, which is an *anthology* from the Book of Ben Sira.[11] To the editor who wants to 'synopticize' this manuscript with the parallel texts of MSS A, B and D, the 'chaotic' sequence of the verses of MS C (e.g. Sir. 3,14–18.21–22; 41,16; 4,21; 20,22–23; 4,22–23) poses a serious problem. To present MS C synoptically, one has to rearrange the anthological verses into an assumed 'original' order, but then all characteristics of the anthological MS C disappear at once.

(3) A third problem of approach is *'erratic verses'*, which are to be found both in MS A and MS B. For instance in MS A, the Hebrew

---

[11] P.C. Beentjes, 'Hermeneutics in the Book of Ben Sira: Some Observations on the Hebrew MS C', *Estudios Bíblicos* 45 (1988), 45–60; M. Zappella, 'Criteri antologici e questioni testuali del manoscritto ebraico C di Siracide', *Rivista Biblica Italiana* 38 (1990), 273–300.

text of Sir. 27,5–6 has been transmitted between Sir. 6,22 and 6,23. In MS B, this feature occurs several times, for example the text of Sir. 7,21 between Sir. 10,24 and 10,25, and Sir. 27,16 occurs between Sir. 31,2 and 31,3. How should one process such 'erratic verses'? By lifting them out of their original context, the editor is *creating a new text* that has never existed. The same could be said about rearranging continuous texts stichometrically and about the complete destruction of MS C's characteristics.

Considering these facts, I had no other choice but to render all the extant material in a *twofold* way. In *Part I* of the text edition, all Hebrew Ben Sira texts are included according to the factual presentation of the manuscripts themselves. In this part, the reader will therefore find the verses arranged exactly as they were in the recovered Hebrew manuscripts. In the 'non-colometric' manuscripts (A, C, D and 11QPs^a), a slant line (/) indicates the end of a line. *Part II* of the text edition includes only those verses present in two or more manuscripts. In the synopsis, an asterisk (*) before a verse number indicates that such a verse is not present at that place in the Hebrew manuscript, e.g. Sir. 33,1 is between Sir. 32,21 and 32,24 in both MS E and MS F. For details of such matters, one must look up the relevant verse in Part I.

A new type of synopsis

Surprisingly, this is the first time an attempt has been made to compile a *synopsis* in the sense of those passages in which the Hebrew Ben Sira text is available in more than one manuscript. The material in this volume will be presented in a more convenient and functional way than in former editions.

The 'synoptic' systems used so far for the Ben Sira texts can be assigned to three categories :
(1) The *diplomatic* model, in which a single Hebrew manuscript serves as the basic text. The variant readings of the remaining manuscripts are placed in a text-critical apparatus. This pattern was

followed, for instance, by the editions of Knabenbauer, Smend and Vattioni.

(2) The *interlinear* model. If a text is extant in more than one Ben Sira manuscript, all textual forms that have been recovered of a verse are printed one after another, before moving to the next verse. This system was used by Ben-Ḥayyim.

(3) The 'block' model. A quite extensive passage from MS X is printed as a whole and is then followed by the corresponding part(s) from MS Y (and Z). The textual evidence is presented in this way in the editions by Lévi, Strack, Segal and Boccaccio & Berardi.

I have attempted to combine the qualities of the interlinear and the block model, to enable its user to read the several Hebrew texts of the Book of Ben Sira more easily than the extant editions so far have offered the textual evidence. Each colon (or line of text) has been printed on the same horizontal line as the corresponding colon or line from other manuscripts. This is the only presentation that guarantees that each verse is preserved in its context. The synopsis gives no information about the dependence or the age of one text in relation to any other.[12]

Risks and danger of 'synchronic' presentation

Presentation in one overall view of all available synoptic Ben Sira material involves problems. Everyone who uses this synopsis must realize that it raises linguistic and hermeneutic difficulties. The synopsis presents both a diachronic and a synchronic text. Hebrew manuscripts originating in quite different eras are printed here side by side. MSS A and D are dated almost unanimously in the 11th Century and MS B into the 12th Century, whereas the anthological MS C is considered to be (much ?) older.[13] Unfortunately MS E

---

[12] This problem has been discussed in detail by H.-P. Rüger, *Text und Textform im hebräischen Sirach*, BZAW 112, Berlin 1970. Recently, L. Schrader, *Leiden und Gerechtigkeit. Studien zu[r] Theologie und Textgeschichte des Sirachbuches* (BET 27), Frankfurt a. M. 1994, 13–57, has introduced fresh arguments into this discussion.

[13] M. Gaster, 'A New Fragment of Ben Sira', *JQR* 12 (1900), 688–702.

has not been dated by J. Marcus nor to my knowledge by any other scholar either. The recently recovered MS F has been left undated by A. Scheiber, who published the text of the manuscript in 1982. However A.A. Di Lella, in his circumstantial description of MS F, concluded that the writing seems to be from the 11th or 12th Century.[14]

Whereas MSS A–F originated in the Middle Ages or were copied at that time, the provenance of the remaining Ben Sira manuscripts is entirely different. Fragments of the Book of Ben Sira recovered from Qumran have been dated either in the second half of the 1st Century BCE (2Q18) or in the first half of the 1st Century CE (11QPs^a).[15] The 26 leather fragments of the Ben Sira Scroll from Masada, discovered in 1964, have been set in the first half of the 1st Century BCE.[16] The interval between the Scroll and Ben Sira himself, who composed his work about 190–180 BCE, is very small indeed.

When all this Hebrew evidence has been put together in a synopsis, the user is faced at a glance with a millennium or even more. One should always bear this huge interval in mind. Though reckoned among the 'outside books' (ספרים החיצונים),[17] we should realize that the Hebrew text of Ben Sira was sometimes treated as reasonably authoritative, so that a reasonably reliable text was preserved throughout the ages.[18]

---

[14] Di Lella, 'The Newly Discovered Sixth Manuscript ...', *Biblica* 69 (1988), 227.

[15] P.W. Skehan & A.A. Di Lella, *The Wisdom of Ben Sira* (AB 37), New York 1987, 53.

[16] Y. Yadin, *The Ben Sira Scroll*, 4 (see his note 11 too).

[17] S.Z. Leiman, 'The Canonization of Hebrew Scripture : The Talmudic and Midrashic Evidence', *Transactions of the Connecticut Academy of Arts and Sciences* 47 (1976), 86–102; R. Beckwith, *The Old Testament Canon of the New Testament Church and its Background in Early Judaism*, London 1986, 281 f.; 366 f.; 377; 380.

[18] The inclusion in themargin of MS B, and MS D, of each others variant readings is strong evidence that there was great respect to the Hebrew Ben Sira text.

The synopsis : a weapon against 'parallelomania'

Putting all the parallel Ben Sira texts together into a synopsis can, paradoxically, protect the reader from an exegetical preoccupation that S. Sandmel called 'parallelomania'.[19] A synopsis can make scholars look at texts more carefully, instead of postulating dependence on other writings. Two examples may illustrate the point. The Hebrew text of Sir. 40,15b in MS B runs : כי שורש חנף על שן סלע. The colon therefore seems a close parallel to Job 39,28b: על שן סלע ומצדה. Though the text of Sir. 40,15b is heavily damaged in the Masada Scroll, the final word of the colon has fortunately been preserved: צר. This synonym of סלע seems to represent the older textual form and is transmitted also as the marginal reading in MS B itself: ושורש חנף על שן צור. It looks as though somebody altered the original expression על שן צור/ צר into על שן סלע in MS B to create a close parallel to the Biblical wording of Job 39,28b. However the copyist of MS B drew attention to another form, which seems closer to the original reading, in the margin of the manuscript.[20]

A similar example is in Sir. 42,15b. The poem on the Works of God in Creation (42,15–43,33) in MS B opens with the wording: אזכר נא מעשי אל וזה חזיתי ואספרה. The second colon is particularly puzzling, as its Hebrew text completely coincides with the text of Job 15,17b. In both texts the formula וזה חזיתי ואספרה functions as an introductory call to attention ('Lehreröffnungs-formel'). The reader could easily be misled to assume that Sir. 42,15b was a deliberate parallel to the Book of Job.[21] The second colon of Sir. 42,15b in the Masada Scroll (which text was not discussed or even mentioned by Snaith) runs as וזה חזיתי ואשננה. With the very rare verb שנן II (only Deut. 6,7), the Masada text again represents the older textual

---

[19] S. Sandmel, 'Parallelomania', *JBL* 81 (1962), 1–13.

[20] The margin of MS B often provides a textual form that coincides with the Masada text. In Table 1, Yadin, *The Ben Sira Scroll*, 7 (Hebrew Section) collected about 50 such instances. However note his cautious comment on this: Yadin, *The Ben Sira Scroll*, 9 (English Section).

[21] Even J.G. Snaith, who for the rest was cautious in assuming parallels between Ben Sira and the Hebrew Bible, supposed one here : '... the combination of the comparatively rare חזיתי with the cohortative ending of אספרה is sufficiently distinctive to suggest certain dependence ...'; J.G. Snaith, 'Biblical Quotations in the Hebrew of Ecclesiasticus', *JThS* 18 (1967), 1–12 (6).

form.[22]   In MS B, it was probably a copyist's familiarity with the
scriptural passage of Job 15,17b that caused alteration of the origi-
nal Ben Sira text to a more common synonym.[23]

Marginal readings

In reproducing the textual evidence from the manuscripts of He-
brew Ben Sira, a technical problem is how to incorporate all those
variant readings found in the margins of the manuscripts into a text
edition. One sometimes even comes upon entire lines of verse in
the margin of a manuscript (e.g. Sir. 30,19ab.19cd.20a, MS B).
Most text editions mention such phenomena,[24] either in a note[25] or
with a special typographical device, e.g. a separate section[26] or
bold square brackets.[27] These marginal readings must be accorded
their full weight. In the first place, they are part of the textual evi-
dence of the manuscripts. In the second place, they often seem to
represent variant readings available to the copyist in other Ben Sira
manuscripts. For example, the Persian glosses[28] in the margins of
Sir. 32,1; 35,20; 40,22–26; 45,8 of MS B bear clear testimony to
this practice[29] and such communications may contribute to the
textual history of the Book of Ben Sira. Yadin, in his introductory
analysis of the Ben Sira Scroll from Masada in relation to the text
of MS B and its marginal readings, showed that more than 50 mar-

---

[22] Yadin, *The Ben Sira Scroll*, 26; Th. Middendorp, *Die Stellung Jesus Ben Sira zwischen Judentum und Hellenismus*, Leyden 1973, 96.

[23] However G.L. Prato, *Il problema della teodicea in Ben Sira* (AnBib 65), Rome 1975, 122, favours the text of MS B, which accords with the Greek and Syriac versions.

[24] Vattioni, 1968, 161 has no comment whatsoever; neither does Segal, 1958², 185–188.

[25] As, for example, Strack, 1903, 22; Smend,1906, 23.

[26] Lévi, 1969³, 29.

[27] Ben-Ḥayyim, 1973 , 26.

[28] W. Bacher, 'Zwei Bemerkungen', *ZAW* 20 (1900), 308–309; Ed. König, *Die Originalität des neulich entdeckten hebräischen Sirachtextes*, Freiburg 1899, 7–8; Schechter & Taylor, 1899, 56. 59; A.A. Di Lella, *The Hebrew Text of Sirach* (Studies in Classical Literature 1), The Hague 1966, 96.

[29] Except for Sir. 32,1 the texts of these Persian glosses have been adopted by Vattioni. Ben-Ḥayyim's edition unfortunately does not mention these glosses at all.

ginal readings of MS B agree with the text of the Scroll.[30] It is therefore beyond question that the margin material of all extant Ben Sira manuscripts belongs to the essential and objective data that ought to be incorporated prominently into a Ben Sira text edition.

So the most ideal solution would be to print all these marginal readings exactly as was done for MS B by Cowley & Neubauer. In their edition, all marginal variants were printed at exactly the same place and with other characteristics as in the manuscript itself. This edition uses a system similar to that of Cowley & Neubauer. For instance, words or cola written slanting in the margin of the manuscript are printed likewise. However as the textual data have been processed electronically, the reproduced texts may, needs be, reflect some minor variations from the original manuscripts.

The first draft of the Hebrew text was adapted from a computerized Ben Sira text by Benjamin G. Wright who worked out a parallel alignment of the Hebrew and Greek Ben Sira texts[31] within the CATSS project.[32] The Greek text is the 'First' Greek translation by Ben Sira's grandson according to J. Ziegler's Göttingen edition.[33] His Hebrew text is that of the Hebrew Language Academy , i.e. the Ben-Ḥayyim edition, which contains all the Hebrew Ben Sira manuscripts discovered up to 1973. I added the text of MS F, the sixth Mediaeval Hebrew manuscript, discovered by A. Scheiber in 1982, and compared the computerized Hebrew Ben Sira text precisely and critically with photographs of all Ben Sira manuscripts, either published by the scholar(s) who edited the 'editio princeps' of a particular manuscript or provided by the library or museum that held the manuscript.[34] As emphasized earlier, the text edition

---

[30] Yadin, *The Ben Sira Scroll*, 9 (English Section); 7–8 (Hebrew Section). For a rather different view, see L. Schrader, *Leiden und Gerechtigkeit* , esp. 13–39.

[31] B.G. Wright, *No Small Difference*. Sirach's Relationship to Its Hebrew Parent Text (Septuagint and Cognate Studies, 26), Atlanta, Georgia (US) 1989. See my review in *JSJ* 21 (1990), 302–305.

[32] *Computer Assisted Tools for Septuagint Studies*, which is a joint project of the University of Pennsylvania and the Hebrew University of Jerusalem.

[33] J. Ziegler, *Sapientia Iesu Filii Sirach.* Septuaginta Vetus Testamentum Graecum Auctoritate Societas Litterarum Gottingensis editum, Vol. XII/2, Göttingen 1965.

[34] **MS A**, *Facsimiles of the fragments hitherto recovered of the Book of Ecclesiasticus in Hebrew*, Oxford/Cambridge 1901. **MS B**, *Facsimiles*; J. Schirmann, *Tarbiz* 27 (1957–1958), 440–443; J. Schirmann, *Tarbiz* 29 (1959–1960), 125–134. **MS C**, *Facsimiles*; J. Schirmann,

by the Hebrew Language Academy has sometimes proved inaccurate. So particular passages were amended for this edition.

As my text edition presents the Hebrew text of the Book of Ben Sira in a rather different way from text editions like those of Vattioni and Ben-Ḥayyim, an Index provides ready access to any given verse. The characters A, B, C, etc. refer to Part I of this text edition, in which each manuscript is presented separately. Texts recovered in two or more Hebrew manuscripts are reproduced in Part II, where they have been compiled into a synopsis.

Tarbiz 29 (1959–1960), 125–134; A. Scheiber, 'A Leaf of the Fourth Manuscript of the Ben Sira from the Geniza', *Magyar Könyvszemle* 98 (1982), 185. **MS D**, *Facsimiles*. (Some significant observations about MSS A-D were provided by A.D. Lowe, 'Ben Sira: Some Notes on examining the Geniza MSS', in: G. Vajda (éd.), *Etudes hébraïques*. Actes du 29e Congrès international des orientalistes, Paris 1975, 34–39). **MS E**, J. Marcus, 'A Fifth MS of Ben Sira', *JQR* 21 (1931), 223–240; **MS F**, A. Scheiber, *Magyar Könyvszemle* 98 (1982), 179–185; A.A. di Lella, 'The Newly Discovered Sixth Manuscript of Ben Sira from the Cairo Genizah', *Biblica* 69 (1988), 226–238. **2Q18**, M. Baillet, J.T. Milik & R. de Vaux, *Les 'Petites Grottes' de Qumran* (Discoveries in the Judaean Desert 3), Oxford 1962, 75–77. **11QPs**[a], J.A. Sanders, *The Psalms Scroll of Qumran Cave 11 (11QPs*[a]*)* (Discoveries in the Judaean Desert 4), Oxford 1965, 79–85. **Masada Scroll**, Y. Yadin, *The Ben Sira Scroll from Masada*, Jerusalem 1965; J.M. Baumgarten, 'Some Notes on the Ben Sira Scroll from Masada', *JQR* 58 (1967–1968), 323–327; J. Strugnell, 'Notes and Queries on 'The Ben Sira Scroll from Masada'', *Eretz Israel* 19 (1969), 109–119.

ABBREVIATIONS AND SYMBOLS

A	Hebrew Ben Sira Manuscript A
B	Hebrew Ben Sira Manuscript B
C	Anthological Hebrew Ben Sira Manuscript C
D	Hebrew Ben Sira Manuscript D
E	Hebrew Ben Sira Manuscript E
F	Hebrew Ben Sira Manuscript F
M	Hebrew Ben Sira Scroll from Masada
2Q18	Two Hebrew Ben Sira Fragments from Qumran Cave 2
11QPs^a	Hebrew Ben Sira Fragments on the Psalms Scroll from Qumran Cave 11

r.	recto
v.	verso

/	End of line in 'non-colometric' manuscripts (A, C, D, 11QPs^a)
*	Verse line displaced for 'synoptic reasons'.
{ }	Character, word or phrase written *between* the lines of a MS.
|	Verses that follow immediately after one another in the Ben Sira MSS, but that have been separated from one another for synoptic reason.

AB	Anchor Bible
AnBib	Analecta Biblica
BAIU	Bibliothèque d'Alliance Israélite Universelle, Paris
BET	Beiträge zur biblischen Exegese und Theologie

BZAW	Beihefte zur *ZAW*
ENA	Elkan Nathan Adler Collection, Library of Jewish Theological Seminary, New York
JBL	*Journal of Biblical Literature*
JQR	*Jewish Quarterly Review*
JSJ	*Journal for the Study of Judaism*
JThS	*Journal of Theological Studies*
REJ	*Revue des Études Juives*
SB	Shrine of the Book, Jerusalem
T.-S.	Taylor-Schechter Collection, Cambridge University Library
ZAW	*Zeitschrift für die Alttestamentliche Wissenschaft*

THE HEBREW BEN SIRA MANUSCRIPTS:
CONTENT, SUBDIVISION AND BIBLIOGRAPHY

This chapter provides details of all extant Hebrew Ben Sira manuscripts, their content subdivided per folio (recto and verso), bibliographical references to their first publication or *editio princeps* and, if possible, their present locality and signature.

Manuscript A

A I recto	Sir. 3,6b–4,10b	[T.-S. 12.863]
A I verso	Sir. 4,10c–5,10a	
A II recto	Sir. 5,10b–6,30	[T.-S. 12.864]
A II verso	Sir. 6,31–7,29a	

S. Schechter & C. Taylor, *The Wisdom of Ben Sira*, Cambridge 1899.

A III recto	Sir. 7,29a–9,2a	[ENA 2536]
A III verso	Sir 9,2a–10,12a	
A IV recto	Sir. 10,12a–11,10	[ENA 2536]
A IV verso	Sir. 11,11–12,1	

E.N. Adler, 'Some Missing Chapters of Ben Sira', *JQR* 12 (1900), 466–480.

A V recto	Sir. 11,34b–13,6b	[T.-S. 12.864]
A V verso	Sir. 13,7–14,11b	
A VI recto	Sir. 14,11b–15,19a	[T.-S. 12.863]
A VI verso	Sir. 15,19b–16,26a	

S. Schechter & C. Taylor, *The Wisdom of Ben Sira*, Cambridge 1899.

Manuscript B

B I recto	Sir. 10,19–11,2	[T.-S. 12.871][35]
B I verso	Sir. 11,3–11,10	[T.-S. 12.871]

J. Schirmann, '*Dappîm nôs^epîm mittôk Seper ben-Sîra*'', *Tarbiz* 29 (1959–1960), 125–134.

B II recto	Sir. 15,1–15,16	[T.-S. NS 38a.1]
B II verso	Sir. 15,17–16,7	[T.-S. NS 38a.1]

J. Schirmann, *'Dap ḥadaš mittôk Seper ben-Sîra' ha-ibrî'*, *Tarbiz* 27 (1957–1958), 440–443.

B III recto	Sir. 30,11–30,24b	[T.-S. 16.312]
B III verso	Sir. 30,24c–31,11	[T.-S. 16.312]

S. Schechter & C. Taylor, *The Wisdom of Ben Sira*, Cambridge 1899.

B IV recto	Sir. 31,12–31,21	[British Museum]
B IV verso	Sir. 31,22c–31,31	[British Museum]

G. Margoliouth, 'The Original Hebrew of Ecclesiasticus XXXI.12–31 and XXVI.22–XXXVII.26', *JQR* 12 (1899–1900), 1–33.

B V recto	Sir. 32,1b–32,13d	[T.-S. 16.313]
B V verso	Sir. 32,14–33,3	[T.-S. 16.313]
B VI recto	Sir. 35,11–35,26d	[T.-S. 16.313]
B VI verso	Sir. 36,1–36,21	[T.-S. 16.313]

---

[35] Formerly T.-S. N.S. 193.107.

S. Schechter & C. Taylor, *The Wisdom of Ben Sira*, Cambridge 1899.

B VII recto	Sir. 36,22–37,9	[British Museum]
B VII verso	Sir. 37,11–37,26	[British Museum]

G. Margoliouth, 'The Original Hebrew of Ecclesiasticus XXI.12–31 and XXXVI.22–XXXVII.26', *JQR* 12 (1899–1900), 1–33.

B VIII recto	Sir. 37,27–38,12	[T.-S. 16.312]
B VIII verso	Sir. 38,13–38,27b	[T.-S. 16.312]

S. Schechter & C. Taylor, *The Wisdom of Ben Sira*, Cambridge 1899.

B IX recto	Sir. 39,15b–39,28	[Or. 1102][36]
B IX verso	Sir. 39,29–40,8	[Or. 1102]

S. Schechter, 'A Fragment of the Original Text of Ecclesiasticus', *Expositor* (5th Series) 4 (1896), 1–15.

B X recto	Sir. 40,9–40,26b	[Bodleian: MS.Heb.e.62][37]
B X verso	Sir. 40,26c–41,9a	
B XI recto	Sir. 41,9b–41,22	[Bodleian, Oxford]
B XI verso	Sir. 42,1–42,11d	
B XII recto	Sir. 42,11e–42,23	[Bodleian, Oxford]
B XII verso	Sir. 42,24–43,17b	
B XIII recto	Sir. 43,17c–43,33	[Bodleian, Oxford]
B XIII verso	Sir. 44,1–44,16	
B XIV recto	Sir. 44,17–45,4	[Bodleian, Oxford]
B XIV verso	Sir. 45,4–45,13	
B XV recto	Sir. 45,14–45,23a	[Bodleian, Oxford]

---

[36] Cambridge University Library (CUL).
[37] This signature includes B X recto–B XVIII verso.

B XV verso	Sir. 45,23b–46,6d	
B XVI recto	Sir. 46,6e–46,18	[Bodleian, Oxford]
B XVI verso	Sir. 46,19–47,10	
B XVII recto	Sir. 47,11–47,23b	[Bodleian, Oxford]
B XVII verso	Sir. 47,23c–48,12b	
B XVIII recto	Sir. 48,12c–48,22b	[Bodleian, Oxford]
B XVIII verso	Sir. 48,24–49,11	

A.E. Cowley & A. Neubauer, *The original Hebrew of a portion of Ecclesiasticus (XXXIX.15 to XLIX.11)*, Oxford 1897.

B XIX recto	Sir. 49,12c–50,10	[T.-S. 16.314]
B XIX verso	Sir. 50,11–50,22b	[T.-S. 16.314]
B XX recto	Sir. 50,22c–51,5	[T.-S. 16.315]
B XX verso	Sir. 51,6b–51,12	[T.-S. 16.315]
B XXI recto	Sir. 51,12–51,20	[T.-S. 16.315]
B XXI verso	Sir. 51,21 –51,30.	[T.-S. 16.315]

S. Schechter & C. Taylor, *The Wisdom of Ben Sira*, Cambridge 1899.

Manuscript C[38]

C I recto	Sir. 3,14–18.21–22a	[T.-S. 12.867][39]
C I verso	Sir. 3,22b; 41,16; 4,21; 20,22–23; 4,22–23a	[T.-S. 12.867]

J. Schirmann, '*Dappîm nôs^{e}pîm mittôk Seper ben-Sîra*'', *Tarbiz* 29 (1959–1960), 125–134.

C II recto	Sir 4,23b.30–31; 5,4–7a	[T.-S. 12.727]

---

[38]   P.C. Beentjes, 'Hermeneutics in the Book of Ben Sira: Some Observations on the Hebrew MS C', *Estudios Bíblicos* 46 (1988), 45–60.

[39]   Schirmann has the classification T.-S. N.S. 194.114, which is no longer used.

C II verso   Sir. 5,7b.9–13; 36,19a   [T.-S. 12.727]

S. Schechter, 'A Further Fragment of Ben Sira', *JQR* 12 (1900), 456–465.

C III recto   Sir. 6,18b.19.28.35; 7,1.4.6a   [BAIU, Paris]
C III verso   Sir. 7,6b.17.20.21.23–25; 8,7a[40] [BAIU, Paris]

I. Lévi, 'Fragments de deux nouveaux manuscrits hébreux de l'Ecclésiastique', *REJ* 40 (1900), 1–30.

C IV recto   Sir 18,31b–33; 19,1–2; 20,5–6   [??]
C IV verso   Sir. 20,7; 37,19.22.24.26; 20,13

M. Gaster, 'A New Fragment of Ben Sira', *JQR* 12 (1900), 688–702.

C V recto   Sir. 25,8.13.17–20a   [T.-S. 12.727]
C V verso   Sir. 25,20b–24; 26,1–2a   [T.-S. 12.727]
C V recto/verso   Sir. 25,8. 20–21   [T.-S. AS 213.4]

S. Schechter, 'A Further Fragment of Ben Sira', *JQR* 12 (1900), 456–465.
A. Scheiber, 'A Leaf of the Fourth Manuscript of the Ben Sira from the Geniza', *Magyar Könyvszemle* 98 (1982), 185 (only T.-S. A.S. 213.4)

C VI recto   Sir. 26,2b–3.13.15–17; 36,22a [T.-S. 12.867][41]
C VI verso   Sir. 36,22b–26   [T.-S. 12.867]

J. Schirmann, '*Dappîm nôs^{e}pîm mittôk Seper ben-Sîra*', *Tarbiz* 29 (1959–1960), 125–134.

---

[40] P.C. Beentjes, 'Some Misplaced Words in the Hebrew MS C of Ben Sira', *Biblica* 67 (1986), 397–401.
[41] Schirmann has the classification T.-S. N.S.194.114, which is no longer used.

Manuscript D

D I recto	Sir. 36,24–37,12a	[BAIU, Paris]
D I verso	Sir. 37,12a–38,1a	[BAIU, Paris]

I. Lévi, 'Fragments de deux nouveaux manuscrits hébreux de l'Ecclésiastique', *REJ* 40 (1900), 1–30.

Manuscript E

E I recto	Sir. 32,16–33,14b	[ENA 3597]
E I verso	Sir. 33,14b–34,1	[ENA 3597]

J. Marcus, 'A Fifth Ms of Ben Sira', *JQR* 21 (1931), 223–240.

Manuscript F [42]

F I recto	Sir. 31,24–32,7	[T.-S. AS 213.17]
F I verso	Sir. 32,12–33,8	[T.-S. AS 213.17]

A. Scheiber, 'A Leaf of the Fourth Manuscript of the Ben Sira from the Geniza', *Magyar Könyvszemle* 98 (1982), 179–185.[43]

---

[42] In a letter dated 29 June 1994, Dr A.D. Lowe (University of Leeds, GB) wrote to me that MS F was in fact 'identified by Prof. I. Yeivin of Jerusalem in 1974, along with the small piece of MS C, and these finds were reported in at least one British newspaper ... at the time'.

[43] A much better transcription of MS F is by A.A. Di Lella, 'The Newly Discovered Sixth Manuscript of Ben Sira from the Cairo Geniza', *Biblica* 69 (1988), 226–238. See P.C. Beentjes, 'A Closer Look at the Newly Discovered Sixth Hebrew Manuscript (MS F) of Ben Sira', *Estudios Bíblicos* 51 (1993), 171–186.

2Q18

| 2Q18 | Sir. 6,14–15 (fragments)[44] | [Jerusalem] |
| 2Q18 | Sir. 6,20–31 (fragments) | [Jerusalem] |

M. Baillet, J.T. Milik & R. de Vaux, *Les 'Petites Grottes' de Qumran* (Discoveries in the Judaean Desert 3), Oxford 1962, 75–77.

11QPs^a

| 11QPs^a | Sir. 51,13–20 | [Jerusalem] |
| 11QPs^a | Sir. 51,30b | [Jerusalem] |

J.A. Sanders, *The Psalms Scroll of Qumran Cave 11 (11QPs^a)* (Discoveries in the Judaean Desert 4), Oxford 1965, 79–85.

Masada Scroll

Mas I	Sir. 39,27–32; 40,10	[SB, Jerusalem]
Mas II	Sir. 40,11-19.26–30; 41,1	
Mas III	Sir. 41,2–21b	
Mas IV	Sir. 41,21c–42,14	
Mas V	Sir. 42,15–43,8b	
Mas VI	Sir. 43,8c –30	
Mas VII	Sir. 44,1–15.17c	

Y. Yadin, *The Ben Sira Scroll from Masada*, Jerusalem 1965. Originally Y. Yadin, *Megîllat ben-Sîrâ' mimmaṣadâ, Erez Israel* 8 (1965) [The E.L. Sukenik Memorial Volume], 1–45.

---

[44] Uncertain; it could also match Sir. 1,19–20.

PART I

TEXTS OF ALL EXTANT HEBREW BEN SIRA MANUSCRIPTS

This part of the text edition gives the Hebrew text of each of the nine manuscripts of Ben Sira in full. As far as technically possible, the texts are printed in facsimile, i.e. precisely as the lines were written in the manuscripts. The textual evidence is presented as faithfully as possible, leaving the reader to interpret the evidence and to draw conclusions from it, in contrast to previous text editions, which too often *interpreted* the textual evidence instead of presenting their readers with the real textual state of the recovered texts.

MS A

כי בבד / ומכבד אביו ישמח בנים ובעת תפלתו ישמע :	3. 6
כי / כבוד איש מכבוד אביו ומרבה חטא מקלל אמו :	3. 8
ברכת אב תכין שרש ו / מצ יי תשרש :	3. 9
בני בכבוד אביך לעם וחרפת אב / תוליד בן :	3.10
בני באשר תחלש אל תתגאה ובאישון / עניך אל תתעלם :	3.11
בני חזק בכבוד אביך ואל תעזבהו / כל ימי חייך :	3.12
וגם אם יחסר מדעו עזב לו / ואל תכלימהו כל ימי חייו :	3.13
צדקת אב לא תמחה / ותמור חטאת היא תנטע :	3.14
ביום צרה תזכר לך / כחם על כפור להשבית עוניך :	3.15
כמגדף העוזב אביו / וארור יי מכעיס אמו :	3.16
בני / ברצון מעשיך התהלך / ומאיש מתת תאהב :	3.17
בני / מעט נפשך מכל גדולת עולם / ולפני יי תמצא רחמים :	3.18
כי רבים רחמי האלהים / ולענוים יגלה סודו :	3.20
פלאות ממך אל / תדרוש ומכוסה ממך אל תחקור :	3.21
במה / שהרשית התבונן ואין לך עסק בנסתרות :	3.22
ובמותר ממך אל תמר כי רב ממך / הראית :	3.23
כי רבים עשתונות בני אדם / ודמיונות רעות מתעות :	3.24
אין אישון לא יחסר אור / ואין חכמה באין דעת :	3.26

23

MS A (I *r.*)

3.27 לב כבד ירבו / מכאביו ומתחולל מוסיף עון על עון :

3.25 באין אישון יחסר / אור ובאין דעת תחסר חכמה :

3.28 אל תרוץ לרפאות מכת לץ / כי אין לה רפואה כי מנטע כי רע נטעו:

3.29 לב חכם יבין משלי / חכמים ואזן מקשבת לחכמה תשמח :

3.30 אש לוהטת יכבו מים / כן צדקה תכפר חטאת :

3.31 פועל טוב יקראנו בדרכיו ובעת / מוטו ימצא משען :

4. 1 בני אל תלעג לחיי עני ואל תדאיב נפש / עני ומר נפש :

4. 2 רוֶה נפש חסירה אל תפוח ואל תתעלם מִמְּדֻכְּדָּךְ / נפש :

4. 3 אל [....] מעי דך וקרב עני אל תכאיב :

אל תמנע מתן / ממסכינך

4. 4-5 ולא תבזה שאולות דל ולא תתן לו מקום לקללך : /

4. 6 צועק מר רוח בכאב נפשו ובקול צעקתו ישמע צורו : /

4. 7 האהב לנפשך לעדה ולשלטון עיר הכאף ראש :

4. 8 הט לעני / אזנך והשיבהו שלום בענוה :

4. 9 הושע מוצק ממציקיו ואל / תקוץ רוחך במשפט יושר :

4.10 היה כאב ליתומים ותמור בעל / לאלמנות : /

(I *v.*) ואל יקראך בן ויחנך ויצילך משחת ·[1]

---

[1] Here follows a rather large blank space, probably because 4,11 is the opening of a passage on Wisdom.

4.11 חכמות למדה / בניה ותעיד לכל מבינים בה :

4.12 אהביה אהבו חיים ומבקשיה / יפיקו רצון מי׳י :

4.13 ותמכיה ימצאו כבוד מי׳י ויחנו בברכת י׳י : /

4.14 משרתי קדש משרתיה ואלהו במא ויהא

4.15 שומע לי ישפט אמת / ומאזין לי ייחן בחדרי מבית :

4.17 כי בהתנכר אלך עמו ולפנים / יבחרנו בנסיונות :

4.17-18 ועד עת ימלא לבו בי אשוב אאשרנו / וגליתי לו מסתרי :

4.19 אם יסור ונטותיהו ויסרתיהו באסורים :

אם יסור מאחרי אשליכנו ואסגירנו לשדדים :

4.20 בני עת / המון שמר ופחד מרע ואל נפשך אל תבוש :

4.21 כי יש בשֶׁאתׄ / משאת עון ויש בשת כבוד וחן :

4.22 אל תשא פניך על נפשך / ואל תכשל למכשוליך :

4.23 אל תמנע דבר בעולם אל תצפין / את חכמתך :

4.24 כי באומר נודעת חכמה ותבונה במענה לשון : /

4.25 אל תסרב עם האל ואל אלהים היכנע :

4.26 ∴[2] אל תבוש לשוב מעון / ואל תעמוד לפני שבלת :

4.27 אל תצע לנבל נפשך ואל תמאן לפני / מושלים : ∴

[2] The function of the three dotted symbol in both the right and the left margin is not clear here. See I. Lévi, *L'Ecclésiastique*, II, Paris 1901, 20-21.

MS A (I *v.*)

אל תשב עם שופט עול כי כאשר כרצונו תשפט / עמו

עד המות היעצה על הצדק וי׳י נלחם לך · אל תקרא / בעל 4.28

אל תקרא / בעל שתים ואל לשונך אל תרגל :

אל תהי גבהן בלשוניך ורפי / ורשיש במלאכתך : 4.29

אל תהי ככלב בביתך ומוזר ומתירא / במלאכתך : 4.30

אל תהי ידך פתוחה לקחת וקפוצה בתוך מתן : / 4.31

אל תשען על חילך ואל תאמר יש לאל ידי · 5. 1

אל תשען על כוחך / ללכת אחר תאות נפשך :

אל תלך אחרי לבך ועיניך ללכת / בחמודות רעה : 5. 2

אל תאמר מי יוכל כחו כי י׳י מבקש נרדפים : / 5. 3

אל תאמר חטאתי ומה יעשה לי מאומה כי אל ארך אפים הוא : 5. 4

אל תאמר רחום י׳י וכל עונותי ימחה :

אל סליחה אל תבטח / להוסיף עון על עון : 5. 5

ואמרת רחמיו רבים לרוב עונותי יסלח : / 5. 6

כי רחמים ואף ע[.]ו ואל רשעים ינוח רגזו :

אל תאחר לשוב / אליו ואל תתעבר מיום אל יום : 5. 7

כי פתאום יצא זעמו וביום נקם / תספה :

אל תבטח על נכסי שקר כי לא יועילו ביום עברה : / 5. 8

(I *v.*)

5.9 אל תהיה זורה לכל רוח ופונה דרך שבולת :

(II *r.*) 5.10 היה סמוך {ע}ל דעתך / ואחר יהי דברך :

5.11 היה ממהר להאזין ובארך רוח השב פתגם : /

5.12 אם יש אתך ענה רעך ואם אין ידך על פיך :

5.13 כבוד וקלון / ביוד בוטא ולשון אדם מפלתו :

5.14 אל תקרא בעל שתים / ובלשונך אל תרגל רע :

כי על גנב נבראה בשת חרפה רעהו / בעל שתים :

5.15 מעט והרבה אל תשחת ותחת אוהב אל תהי שונא /

5.16 [3] שם רע וקלון תוריש חרפה כן איש רע בעל שתים :

6.1 אל / תפול ביד נפשך ותעבה חילך עליו :

6.2 עיליך תאכל ופריך / תשרש : והניחתך כעץ יבש

6.3 כי נפש עזה תשחת בעליה / ושמחת שונא תשיגם :

6.4 חיך עֲרֵב ירבה אוהב ושפתי חן / שואלו שלום :

6.5 אנשי שלומך יהיו רבים ובעל סודך אחד מאלף : /

6.6 קנית אוהב בניסין קנהו ואל תמהר לבטח עליו :

6.7 כי יש אוהב / כפי עת ואל יעמוד ביום צרה :

6.8 יש אוהב נהפך לשנא ואת / ריב חרפתך יחשוף :

---

[3] This line opens with a small indention (about three characters).

MS A (II *r.*)

6. 9 יש אוהב חבר שלחן ולא ימצא / ביום רעה :

6.10 בטובתך הֻ{ו}א כמוך וברעתך יתנדה ממך : /

6.11 אם תשיגך רעה יהפך בך ומפניך יסתר :

6.12 משנאיך הבדל / מאהביך השמר :

6.13 אוהב אמונה אוהב תקוף ומוצאו מצא / הון :

6.14 לאוהב אמונה אין מחיר ואין משקל לטובתו :

6.15 צרור / חיים אוהב אמונה ירא אל ישיגם ·

6.16 כי כמוהו כן רעהו / וכשמו כן מעשיו ·

6.19 כחורש וכקוצר קרב אליה וקוה לרב / תבואתה :

כי בעבדתה מעט תעבוד ולמחר תאכל פריה : /

6.20 עקובה היא לאויל ולא יכלכלנה חסר לב :

6.21 כאבן משא / תהיה עליו ולא יאחר להשליכה :

6.22 כי המוסר כמשה כן / הוא ולא לרבים היא נְכוחָה :

27. 5 כלי יוצר לבער כבשן וכמהו / איש על חשבונו :

27. 6 על עבדת עץ יהי פרי כן חשבון על / יצר אחד :

6.26 הט שכמך ושאה ואל תקץ בתחבולתיה : /

6.27 דרש וחקר בקש ומצא והחזקתה ואל תרפה :

6.28 כי לאחור / תמצא מנוחתה ונהפך לך לתענוג :

(II *r.*)

6.29 והיתה לך רשתה / מכון עז וחבלתה בגדי כתם :
6.30 עלי זהב עולה ומוסרתיה / פתיל תכלת : /
6.31 (II *v.*) בגדי כבוד תלבשנה ועטרת תפארת תעטרנה :
6.32 אם / תחפוץ בני תתחכם ואם תשים לבך תערם :
6.33 אם תובא / לשמע והט אזנך תוסר :
6.35 כל שיחה חפוץ לשמע ומשל / בינה אל יצאך :
6.36 ראה מה יבין ושחריהו ותשחוק בסיפי / רגלך :
6.37 והתבוננת ביראת עליון ובמצותו והגה תמיד : /
והוא יביך לבך ואשר איות יחכמך :
7. 1 אל תעש לך רעה / ואל ישיגך רעה
7. 2 הרחק מעון ויט ממך :
7. 3 אל תדע חדושי על / אח פן תקצרהו שבעתים :
7. 4 אל תבקש מאל ממשלת וכן ממלך / מושב כבוד
7. 5 אל תצטדק לפני מלך ופני מלך אל תתבונן : /
7. 6 אל תבקש להיות מושל אם אין לך חיל להשבית זדון : /
7. 6 פן תגור מפני נדיב ונתונה בצע בתמימיך :
7. 7 אל תרשיעך / בעדת שערי אל אל תפילך בקהלה :

7.8 אל תקשור לשנות חט / כי באחת לא תנקה :
7.15 אל תאיץ בצבא מלאכת עבדה הי / כאל נחלקה :
7.10 אל תתקצר בתפלה ובצדקה אל תתעבר : /
7.11 אל תבז לאנוש במר רוח זכר כי יש מרום ומשפיל : /
7.12 אל תחרוש חמס על אח וכן על רע וחבר יחדו :
7.13 אל תחפץ / לכחש על כחש כי תקותו לא תנעם :
7.14 אל תסוד בעדת / שרים ואל תישן דבר בתפלה :
7.16 אל תחשיבך במתי עם / זכור עברון לא יתעבר :
7.17 מאד מאד השפיל גאוה כי תקות / אנוש רמה :
אל תאיץ לאמר לפרץ גל אל אל ורצה דרכו :
7.18 אל תמיר אוהב במחיר ואח תלוי בזהב אופיר :
7.19 אל / תמאס אשה משכלת וטובת חן מפנינים :
7.20 אל תרע / באמת עובד אמת וכן שוכר נותן נפשו :
7.21 עבד משכיל / חבב כנפש [.]ל תמנע ממנו חפש :
7.22 בהמה לך ראה עיניך / ואם אמנה היא העמידה :
7.23 בנים לך יסיר אותם ושָׂא / לָהֶם נשים בנעוריהם :
7.24 בנות לך נצור שארם ואל תאיר / אלהם פנים :
7.25 הוצא בת ויצא עסק ואל נבון גבר חברה : /

7.26 אשה לך אל תתעבה ושנואה אל תאמן בה :

7.29 בכל לבך פחד / אל ואת כהניו הקדיש :

7.30 בכל מֿאֿודך אהוב עושך ואת משרתיו / לא תעזב :

7.31 כבד אל והדר כהן ות[..]לקם כאשר צֿוותה : /

7.31 לחם אבירֿים ותרומת [..] [....] צדק ותרומת קדש :

7.32 וגם / לאב[.......]יט יד למען תשלם בֿ[.]כֿתך :

7.33 תן מתן לפני כל חי / וגם ממת אל תמנע חסד :

7.34 אל תתאחר מבובים ועם אבלים / תתאבל :

7.35 אל תשא לב מאוהֿב כי ממנו תאהב :

7.36 בכל / מעשיך זכור אחרית ולעולם לא תשחת :

8.1 אל תריב עֿם / איש גדול למה תשוב על [..]ו:

אל תריב עם קשה מ[..] / למה תפול בידו :

8.2 לו ק אל תחרש על איש לאֿ הון כן ישקל מ[..]רך / ואבדת :

כי רבים הפחיז זהב והֿ[..] משגה ל[...]יבים : /

8.3 אל תינץ עם איש לשון ואל תתֿן על אש עץ

8.4 [..] תרגיל עם / איש אויל פן יבוזֿ לנדיבים :

8.5 אל תֿכֿלים א[..]שב מפשע / זכר כי כלנו חייבים :

8.6 אל תבייש אנו[..]שיש כי נמנה / מזקנים :

MS A (III *r.*)

8. 7 אל תתהלל על גֿוע זכר כלנו נאסֿפים :

8. 8 אֿל תטש / שיחת חכמים ובחידתיהם התרטש :

8. 8 כי ממֿנו תלמ[.]ד לקח / להתיצב לפני שרים :

8. 9 אל תמאס בשמיעתֿ שבים / אשר שמעו מאבתם :

כי ממנו תקח שכל בֿעת צֿ[..] להשיב / פתגם :

8.10 אל תצלח בנחלת רשע פן תבער בשביב אשו : /

8.11 אל תזוח מפני לץ להושיבו כאורב לפניך :

8.12 אל תלוֿה / איש חזק ממך ואם הלוית כמאבד :

8.13 אל תערב יתר ממך / ואם ערבת כמשלם :

8.14 אל תשפט עם שופט כי כרצונו / ישֿ[..] :

8.15 עם אכזרי אל תלך {פן} תכביד את רעתך :

כי הוא / נוכח פניו ילך ובאולתו תספה :

8.16 עם בעל אף אל תעיז / מצח ואל תרכב עמו בדרך :

כי קל בעיניו דמים ובאין / מציל ישחיתך :

8.17 עם פותה אל תסתייד כי לא יוכל לכסות סודך :

8.18 לפני זר אל תעש רז כי לא תדע מה ילד / ספו:

8.19 לכל בשר אל תגל לבך ואל תדיח מעליך הטובה : /

9. 1 אל תקנא את אשה חיקך פן תלמד עליך רעה :

9.2 אל תקנא / לאשה נפשך להדריכה על במותיך :

9.3 [4] אַל תִקְרַב אֶל אִשָּׁה זָרָה / פֶּן תִפּוֹל בְּמְצוֹדתֶיהָ :

[.]ם זוֹנָה אַל־תִסְתַיָיד פֶּן תִלָכֵד בִלְקוּתֶיהָ : /

9.4 עם מְנַגִינֹת אַל תִּדְמוֹךְ פן יַשְׂרְפֵךָ בְּפִיפִיֹתָם :

9.5 בבתולה / אל תתבונן פן תוקש בעונשיה

9.6 אל תתן לזונה נפשך פן תסוב / את נחלתך :

9.7 להתנבל במראה עיניך ולשומם אחר ביתה :

9.8 העלים עין מאשת חן ואל תביט אל יפי לא לך :

בעד אשה/ [.]שחתו רבים וכן אהביה באש תלהט ··

9.9 עם בעלה אל תטעם : / ו[...]ב עמו שכור :

פן תטה [..]יה לב ובדמים תטה אל שחת : /

9.10 אל תטש אוהב ישן כי חָ[.]ש לא יד[..]קָ[.] :

יי[.] חדש אוהב חדש[5] / וישן אחר תְ[.]תינו :

9.11 [..] תקנא באיש רשע כי לא [.]דע מה / יומו :

9.12 אל [....] בזדון מצליח זכר כי עת מות לא ינקה :

9.13 רחק מאיש [...]ט להרון[.] ואל תפחד פחדי מות ·

ואם קרבת / לא תאשם פן יקח [.]ת נשמתך :

---

[4] In 9,3-4 eleven characters have a small line on top of each of them.

[5] This word has been written in a smaller script outside the text area.

דע כי בין פחים תצעד / ועל רשת תתהלך :

ככחך ענה רעך ועם חכמים הסתייד : 9.14

עם נבון יהי חשבונך וכל סודך בינותם : 9.15

אנשי צדק בעלי / לחמך וביראת אלהים תפארתך : 9.16

בחכמי ידים יחשך יושר / ומושן.] עמו חכם : 9.17

ביטה נורא בעד איש לשון ומשא / על פיהו ישונא · 9.18

שופט עם יוסר עמו וממשלת מבין / סרידה : 10. 1

מלך פרוע ישחית עיר ועיר נושבת בשכל / שריה : 10. 3

כְשופֵט עָם כֵן מְלִיצָיו, וּכְראש עִיר כֵן יוֹשְבָיו : / 10. 2

ביד אלהים ממשלת כל גבר ולפני מחוקק ישית הודו : / 10. 5

ביד אלהים ממשלת תבל ואיש לעת יעמד עליה : 10. 4

[.]כל / פשע אל תשלים רע לריע ואל תהלך בדרך גאוה : / 10. 6

שנואה לאדון ואנשים גאוה ומשניהם מעל עשק : / 10. 7

מלכות מגוי אל גוי תסוב בגלל חמס גאוה : 10. 8

מה יגאה / עפר ואפר אשר בחייו יורם גויו · 10. 9

[6] שמץ מחלה / יצהיב רופא מלך היום ומחר יפול : 10.10

[6] There is a larger blank space between the final word of 10,9 (גויו) and the opening of 10,10 (שמץ).

MS A

(III *v.*)

10.11 ∴ במות אדם / ינחל רמה ותולעת כִּנִּים וְרמש :

(IV *r.*) 10.12 תחלת גאון אדם / מוּעָז וּמֵעֹשֵׂהוּ יסור מלבו :

10.13 ויבֵא כי מקוה זדון חטא וּמְקוֹרָה / יביע זמה :

רע על כן מלא[7] לבו אלהן..] נֶגֲעָה ויכהו עד כלֵּה : /

10.14 כסא גאים הפך אלהים וישב עניים תחתם :

10.16 ∴ עקבת גוים / טמֿטם אלהים ושרשם עד ארץ קעקע:

10.17 וסחם מארץ / ויתשם וישבת מארץ זכרם :

10.18 לא נאוה לאנוש זדון ועזות / אף לילוד אשה :

10.19 זרע נכבד מה זרע לאנוש זרע נקלה / עובר מצוה :

10.20 בין אחים ראשם נכבד וירא אלהים בעֿ[..] /

10.22 גר וזר נכרי ורש תפארתם [...]ת אלהים ·

10.23 אין לבזות דל מ[...]ל / ואין לכבד [.]ל איש [..]ר֯ם :

10.24 [....] מושל ושופט נכבֿדו [...]ן / גדול מֿ[.]רא אלהים :

10.25 עבד משכיל הורם ועבֿד [..]ם [.]א / יתאונן :

10.26 אַל תתכחם לעבד חפצך ואל תכבֿ[......] / צרכך :

10.27 טוב עובד ויותר הון מ[..]כבד [..]ס[.] מתן : /

---

[7] The words מלא לבו are probably not the original wording, because there are some illegible traces underneath them.

10.28 בני בענוה כבד נפשך ויתן לך טן..] כיוצא בן.] : /

10.29 מרשיע נפשו מי יצדיקנו ומי יכבד מקלה נפשו : /

10.30 יש דל נכבד בגלל שכלו ויש נכבד בגלל עשרו :

10.31 נכבד בעשרו איככה ונקלה בעניו איככה :

[..]הֿכבד / בדלותו בעשרו מתכבד יתר והנקלה בעשרו בדלותו / נקלה יותר :

11.1 חכמת דל תשא ראשו ובין נדיבים תשׁיבנו : /

11.2 אל תהלל אדם בתארו ואל תתעב אדם מכ[...] במראהו : /

11.3 אליל בעוף דברה וראש תנובות פריה :

11.4 בעטה אן.]ר אל / תהתל ואל תקלס במרירי יום :

כי פלאות מעשי ײ ונעלם / מֶ[...] פעלו :

11.5 רבים נדכאים ישבו על כסא ובל על / לב עטו צניף :

11.6 [8] רַבִּים נִשָּׂאִים נִקְלוּ מְאֹד וְהָשְׁפָּלוּ יַחַד /וְגַם נִכְבָּדִים נִתְּנוּ בְּיָד :

11.7 בְּטֶרֶם תַּחְקֹ[..] אַל־תְּסַלֵּף בַּקֵּר / לְפָנִים וְאַחַר תַּזִּיף :

11.8 בְּנִי אַל־תָּשִׁיב דָּבָר טֶרֶם תִּשְׁמַע / וּבְתוֹךְ שִׂיחָה אַל־תְּדַבֵּר :

11.9 באין עצבה אל תאר וברב זדים / אל תקומם :

11.10 בני למה תרבה עשקך ואץ [9] להרבות לא ינקה : /

[8] In 11,6-8 seven characters have a small line on top of each of them.

[9] A spot of ink can be seen before the ל. Perhaps a character has been erased.

בני אם לא תרוץ לא תגיע ואם לא תבקש לא תמצא : /

11.11 יש עמל ויגע ורץ וכְדַי כן הוא מתאחר :[10]

11.12 יש רֹשֵש ואֹבֵד / מהלך חסר כל ויותר אן.]נשׂ :

ועין יי צפתהו לטוב וינעריהו / מעפר צחנה :

11.13 נשא בראשו וירממהו ויתמהו עליו רבים : /

11.14 טוב ורע חיים ומות ריש ועושר מיי הוא :

[.]כֹמֹה ושכל / והביך דבר מיי הוא :

חטא ודרכים ישרים מיי הוא :

שכלות / וחו[..] לפשעים נוצרה ומרעים רעה עמם :

11.15 מ[..] צדיק / לֹ[.]ד [....] ורצנו יצלח לעד

11.16 [.]ש מתעשֵר מהתענות / [...] יְחַ[.]בֹ שכרו :

11.17 ובעתֹ [...] מצאתי נחת ועתה אכֹל [..]ובן.]י :

לא ידע מה י[...] חלֹ[.] וען.]בֹו לא[...] ומת : /

11.18 בן..] ען..] בחוקך ובו הן.]שע ובמלאכתך התישן :

11.19 אל תתֹמֹה / בן......] [.]רוֹץ לי וקוה לאורו :

כי נכה {בעיני יי} בן..]תע פתאם / לן......]

11.20 ברכת אל בֹגרל צדיק ובעת תקותו תפרֹח /

---

[10] The *kaph* and the *daleth* of וכדי (11,11) have a small line on top of each of them. The *beth* of ואבד (11,12) has a small line on top.

MS A (IV *v.*)

11.21 אל תאמר [........] כי עשן.]תי חפצי ומה עתה יעזב לי :

11.22 אל תאמר / דיי [..]י א[.]ה א[...] יהי עלי ·

11.23 טובַ{ת} יום תְּשַׁכַּח רעה

11.25 ורעת / [...] תשכח טובה ואחרית אא{ד}ם תהיה עליו :

11.27 עת רעה / תשכח תענוג וסוף אדם יגיד עליו :

11.28 בטרם תחקר אדם / אל תאש[...] [........]ו יאושר אדם :

לפני מות אל תאשר / גבר ובאחריתו ינכר איש

11.29 לא כל איש להביא אל בית / ומה רבו פ[...] רוכל :

ככלוב מלא [...] כן בתיהם / מלאים [....]

11.30 כעוף אחוז בכלוב לב גאה [.]זאב / אֹרֵב לטרף :

מה ירבו פשעי בוצו ככלב הוא בא וכל / בית :

וחמָס כן בוצע בא ומשים ריב לכל [...]תם :

אורב הרוכל כדוב לבית לצים וכמרגל יראה ערוה : /

11.31 טוב לרע יהפך [..]גן ובמחמדיך יתן קשר :

11.32 מִנצוץ / ירבה גחלת ואיש בליעל לדם יארב :

11.33 גור מרע כי רע / יוליד למה מום עולם תשא :

11.34 לא תדבק לרשע ויסלף / דרכך ויהפכך מבריתיך :

12. 1 אם טוב תדיע למי תטיב / ויהי תקוה לטובתך :

(V *r.*) 11.34b משוכן זָרִיו זָהִיר דרכיך / וינכר{'}ך במחמדיך :

MS A (V *r.*)

12.2 היטב לצדיק ומצא תשלומת אם / לא ממנו מי׳י :
12.3 אין טובה למנוח רשע וגם צדקה לא / עשה :
12.4 פי שנים רעה תשיג בעת צורך בכל טובה תגיע / אליו :
12.5 כלי לחם אל תתן לו למה בם יקביל אליך :
12.6 כי גם אֵל / שונא רָעים ולרשעים ישיב נקם :
12.7 תן לטוב ומנע מרע / הקיר מך ואל תתן לזד ·
12.8 לא יודע בטובה אוהב ולא / יכוסה ברעה שונא :
12.9 בטובת איש גם שונא ריע וברעתו / גם ריע בודד :
12.10 אל תאמין בשונא לעד כי כנחשת רועו יחליא : /
12.11 וגם אם ישמע לך ויהלך בנחת : תן לבך להתירא ממנו /
היה לו כמגלה רז : ולא ימצא להשחיתך ודע אחרית / קנאה :
12.12 אל תעמידהו אצלך למה יהדפך ויעמד תחתיך · /
אל תושיבהו לימינך למה יבקש מושבך :
ולאחור תשיג / אסרי ולאנחתי תתאנח :
12.13 מִקֹ{ׄיׄ} יוחן חובר נשוך וכל / הקרב אל ח{ׄיׄ}ת שן : עז[11]
12.14 כן חובר אל אשת זדון ומתגלל / בעונתיו
לא יעבר : עד תעבר בו אש ·
12.15 כאשר יבוא / עמך · לא יתגלה לך ואם תפול לא יפול להצלך

[11] Under עׄזׄ one can see the symbol of three dots which seems to be more original and refers to the correction of the superlinear *yod*.

MS A (V *r.*)

עד עת / עמד לא יופיע ואם נמוט לא יתכלכ :

12.16 בשפתיו יתמהמה / צר ובלבו יחשוב מהמרות עמוקות :

וגם אם בעיניו / ידמיע אויב אם מצא עת לא ישבע דם

12.17 אם רע / קראך נמצא שם כאשר סומך יתפש עקב :

12.18 ראש / יניע והניף ידו ולרוב הלחש ישנא פנים :

13.1 נוגע בזפת / תדבק ידו וחבר אל לץ ילמד דרכו · / [12]

13. 2 כבד ממך {מה} תשא ואל עשיר ממך מה תתחבר : /

מה י{ת}חבר פרור אֶל סיר אשר הוא נוקש בו והוא נשבר :

או מה י{ת}חבר עשיר אל דל :

13. 3 עשיר יענה הוא יתנוה / ועל דל נעוה הוא יתחנן :

13. 4 אם תכשר לו יעבד בך ואם / תכרע יחמל עליך :

13. 5 אם שלך ייטיב דבריו עמך וירששך / ולא יכאב לו ·

13. 6 צֹרֶיך לו עמך והשיע לך ושוחק לך והבטיחך : /

13. 7 (V *v.*) עד אשר יועיל יהתל בך · פעמים שלש יעריצך

ובכן יארך / והתעבר בך ובראשו יניע אליך :

13. 8 השמר אל תרהב מאד / ואל תדמה בַחֲסֵירֵי מַדַּע :

13. 9 [13] קָרֵב נדיב היה רחוק וכדי כן / יגישך :

---

[12] There is a large blank space after 13,1 and 13,2 starts with an indentation of about four characters.

[13] The *beth* in קָרֵב has a small line on top of it.

13.10 אל תתקרב פן תתרחק ואל תתרחק פן תשנא :

13.11 אל / תבטח לחפש עמו ואל תאמן לרב שיחו :

13.12 כי מ{ה}רבות שיחו / נסיון ושחק לך וחקרך :

אכזרי יתן מושל ולא יחמל על / נפש רבים קושר קשר :

13.13 השמר והיה זהיר ואל תהלך / עם אנשי חמס :

13.14 כל הבשר יאהב מינו / וכל אדם את / הדומה לו :

13.15 מין כל בשר אצלו ואל מינו יחובר אדם · /[14]

13.17 מה יחובר זאב אל כבש כך רשע לצדיק ·

וכן עשיר אל איש נאצל /

13.18 מאיש שלום צבוע : אל כלב מאין שלום עשיר אל רש : /[15]

13.19 מאכל ארי פראי מדבר כן מרעית עשיר דלים :

13.20 תועבת / גאוה ענוה ותועבת עשיר אביון :

13.21 עשיר מוט בסמך / מרע ודל נמוט נדחה מרע אל רע :

13.22 עשיר מדבר ועזריו / רבים ודבריו מכוערין מ{ה}ופין :

דל נמוט גע גע ושא ודבר / משכיל ואין לו מקום :

13.23 עשיר דובר הכל נסכתו ואת / שכלו עד עב יגיעו :

דל דובר מי זה יאמרו ואם נתקל / גם הם יהדפוהו :

[14] There is a small blank space of about four characters at the end of 13,15.
[15] There is a small blank space of about four characters after 13,18.

MS A (V *v.*)

13.24 טוב העושר אם אין עון ורע העוני על / פי זדון :

13.25 לב אנוש ישנא פניו אם לטוב ואם לרע :

13.26 עקבת / לב טוב פנים אורים ושיג ישיח מחשבת עמל :

14. 1 אשרי / אנוש לא עצבו פיהו ולא אבה עליו דין לבו :

14. 2 אשרי איש / לא חסרתו נפשו ולא שבתה תוחלתו :

14. 3 ללב קטן לא / נאוה עושר ולאיש רע עין לא נאוה חרוץ :

14. 4 מונע נפשו / יקבץ לאחר ובטובתו יתבעבע זר̈ :

14. 5 רע לנפשו למי ייטיב / ולא יקרה בטובתו :

14. 6 רע לנפשו אין רע ממנו ועמו תשלומת רעתו :

14. 9 בעין כושל מְעַט הו{א} חלקו ולוקח חלק רעהו מאבד / חלקו :

14.10 עין רעֿ עין תעיט על לחם ומהומה על שלחנו : /

עין טובה מרבה הלחם ומעין יבש יזל מים על השלחן : /

14.11 בני אם יש לך שָׁרֵות נפשך ואם יש לך היטיב לך ולאל ידך הדשן :

(VI *r.*) 14.12 זכור כי לא בשאול תענוג ולא מות יתמהמה :

14.12b-13 וחוק לשאול לא הגד לך בטרם תמ֯ות היטב לאוהב : [16] /

14.13b-14 והשיגת ידך תן לו : א אל תמנע מטובת יום :

ובהלקח אח / אל תעבר וחמוד רע אל תחמוד :

[16] There is a blank space of about four characters between this and the margin.

14.15 הלא לאחר תעזב חילך / ויגיעך ליודי גורל :

14.16 תן לאח ותֵין ופנ[..] נפשך כי אין בשאול / לבקש תענוג [17]

וכל דבר שיפה : לעשות {לפני} אלהים עשה לפני

14.17 כל הבשר / כבגד יבלה וחוק עולם גוע יגועו :

14.18 כפרח עלה על עץ רענן / שזה נובל ואחר גומל {צומח} :

14.19 כל מעשיו רקוב ירקבו ופעל ידיו / ימשך אחריו :

14.20 אשרי אנוש בחכמה יהגה ובתבונה ישעה : /

14.21 [18] השם על דרכיה לבו ובתבונתיה יתבונן :

14.22 לצאת אחריה / בחקר וכל מבואיה ירצד :

14.23 המשקיף בעד החלונה ועל / פתחיה יצותת :

14.24 החונה סביבות ביתה והביא יתריו בקירה : /

14.25 ונוטה אהלו על ידה ושכן שכן טוב :

14.26 וישים קנו בעֳופיה / ובענפיה יתלונן :

14.27 וחוסה בצלה מחרב ובמעונותיה ישכן : /

15. 1 כי ירא יי יעשה זאת ותופש תורה ידריכנה :

כן אסחות
כן דורות בשר ודם אחר
גוע ואחר גומל

MS A (VI *r.*)

15. 2 וקדמֿתהו / כאם וכאשת נעורים תקבלנו :

15. 3 והאכילתהו לחם שׂכל ומי / תבואה תשקנו : תבונה

15. 4 ונשען עליה ולא ימוט ובה יבטח ולא / יבוש :

15. 5 ורוממתהו מרעהו ובתוך קהל תפתח פיו :

15. 6 ששון / ושמחה ימצא ושם עולם תורישנו :

15. 7 לא ידריכוה מתי / שוא ואנשי זדון לא יראוה :

15. 8 רחוקה היא מלצים ואנשי / כזב לא יזכרוה :

15. 9 לא נאתה תהלה בפי רשע כי לא מאל נחלקה לו :[19]

15.10 בפה חכם תאמר תהלה ומשל בה ילמדנה : /

15.11 אל תאמר מאל פשעי כי את אשר שנא לא עשה :

15.12 פן תֿאמר הוא התקילני כי אין צורך באנשי חמס :

15.13 רעה / ותעבה שנא ײ ולא יאננה ליראיו :

15.14 אלהים מבראשית אֹ ברא אדם וישתיהו ביד חותפו ויתנהו ביד יצרו :

15.15 אם / תחפץ תשמר מצוה ותבונה לעשות רצונו :

אם תאמין / בו גם אתה תחיה

15.16 מוצק לפניך אש ומים באשר תחפץ שלח / ידיך ·

15.17 לפני אדם חיים ומות אשר יחפץ ינתן לו :

---

[19] This line is written between the lines of 15,8 and 15,10 in very small script.

15.18 ספקה / חכמת יי אמיץ גבורות וחוזה כלם

15.19 עיני אל יראו מעשיו / והו יכיר עֵּל כל מפעל איש :

15.20 לא צוה אנוש לחטא ולא החלים / אנשי כזב :

ולא מרחם על עושה שוא ועל מגלה סוד :

16.1 אל / תתאוה תואר נערי שוא ואל תשמח בבני עולה :

16.2 וגם אם פרו אל / תבעבם אם אין אתם יראת יי :

16.3 אל תאמין בחייהם ואל תבטח / בעקבותם :

כי לא תהיה להם אחרית טובה כי טוב אחד / עושה רצון מאלף

ומות ערירי ממי שהיו לו בנים רבים [..]לה / ומאחרית זדון :

16.4 מאחד ערירי ירא יי תשב עיר וממשפחת / בגדים תחרב :

16.5 רבות כאלה ראתה עיני ועצמות[20] כאלה שמעה / אזני :

16.6 בעדת רשעים יוקדת אש ובגוי חנף נצתה חמה : /

16.7 אשר לא נשא לנסיכי קדם המורים עולם בגבורתם :

16.8 ולא / ע חמל על מגורי לוט המתעברים בגאותם :

16.9 ולא חמל / על גוי חרם הנודשים בעונם :

16.10 כן שש מאות אלף רגלי [21]/ הנאספים בזדון לבם :

16.11 ואף כי אחר מקשה ערף תמה זה אם / ינקה :

---

[20] The *taw* in ועצמות has a small bar on top of it.
[21] A small blank space of about three characters is filled with a sort of vertical brace.

כי רחמים ואף עמו ונושא וסולח · ועל רשעים / יגיה רגזו :

16.12 כרב רחמיו כן תוכחתו איש כמפעליו ישפט : /

16.13 אֹל ימלט בגזל עול ולא ישבית תאות צדיק לעולם : לא

16.14 כל / העושה צדקה יש לו שכר וכל אדם כמעשיו יצא לפניו : /

16.15 ׳׳ הקשה את לב פרעה אשר ~~לא~~ לא ידעו :

שמעשיו [22] / מגולין תחת השמים רחמיו :

16.16 יראו לכל בריותיו ואורו / ושבחו חלק לבני אדם :

16.17 אל תאמר מאל נסתרתי ובמרום מי / יזכרני :

בעם כבד לא אודע ומה נפשי בקצות רוחות כל בני / אדם :

16.18 הן השמים ושמי השמים ותהום וארץ :

ברדתו עליהם עֹמֻדים בפקדו וכרגשו :

16.19 אף קצבי הרים ויסודי / תבל בהביטו אליהם רעש ירעשו :

16.20 גם עלי לא ישים לב / ובדרכי מי יתבונן :

16.21 אם חטאתי לא תראני עין או אם אכזב / בכל סתר מי יודע :

16.22 מה {מעשה} צדק מי יגידנו ותקות מה כי אצוק / חוק :

16.23 חסדי לֹבֿ יבינו אלה וגב{ו}ר [23] פֿ[.]תה יחשב זאת :

---

[22] A small blank space of about two characters has been filled with a small wavy line.

[23] Instead of a supralinear *waw*, one should perhaps interpret it as a very long leg of the *qoph* of צדק in the previous line.

(VI *v.*) MS A

16.24 שמעו / אלי וקחו שׂכלי ועל דברי שימו לב :

16.25 אביעה במשקל רוחי / ובהצנע אחוה דעי ·

16.26 כברא אל מעשיו מראש על חייהם /

10.19		זרע נקלה מה זרע לאנוש	זרע נקלה עובר מצוה :	
10.20		בין אחים ראשם נכבד	ויירא אלהים נכבד ממנו :	
10.22		גר זר נכרי ורש	תפארתם יראת ייי :	ביר
10.23		אין לבזות דל משכיל	ואין לכבד כל איש חמס :	
10.24		שר שופט ומושל נכבדו	[...............]	
10.25		עבד משכיל חביב כנפש	[...............]	
(7.21)		{עבד משכיל חביב כנפש} [24]	[...............]	
		עבד משכיל הורים יעבדותו	וגן[...............]	
		עבד משכיל חביב כנפש	וגבר מן[..............]	
10.26	[.]רכׄך	אל תתחכם לעשות חפצך	ואל תתכ[........]	
10.27		טוב עובד ויותר הון	ממתכב[........]	
10.28		בני בענוה כבד נפשך	ותן לה טעם כ[......]	
10.29		בני מרשיע נפשו מי יצדיקנו	ומי יכבד [........]	
10.30		דׄל [25] נכבד בגלל שכלו	ויש איש עשיר נכבד [....]	
10.31	[...]ק	הנכבד בעיניו בעשרו איככה	ונקלה בעשרו בעיניו איככה:	

[24] This line is written in a smaller script.
[25] There is no marginal reading.

MS B (I *r.*)

המתכבד בדלותו בעשרו מתכבד יתר והנקלה בעשרו בדלותו נקלה יתר:

11. 1 חכמת דל תשא ראשו [..........]שיבנו :

11. 2 אל תהלל אדם בתארו ואל תתעב אדם מעזב בן[.....]ו: מכוען.]

11. 3 קטנה בעוף דבורה וראש תנובות פריה : (I *v.*) [--------]ד והשפלו יחד

אליל בעוף דבורה וראש תנובות פריה : [---------] ביד :

11. 4 במעוטף בגדים אל תתפאר ואל תקלס במרירי יום

בעוטה אזור אל תהתל ואל תקלס במרירי יום :

[............]י ונעלם מאנוש פעלו :

11. 5 [.............] על כסא ובל על לב עטו צניף :

[.............]כסא ושפלי לב יעטו צניף

11. 6 [..............] ונכבדים נתנו ביד זעירים :

[..........]לו מאד והושפלו יחד ונכבדים נתנו ביד : וגם

[..........]אול ובקהל טעם שפוט :

[.............] אל תשיב ובתוך שיחה אל תדבר :

11. 7 [......]קו[.] אל תסלף בקר לפנים ואחר תזיף :

11. 8 [.....] תשיב דבר בטרם תשמע ובתוך שיחה אל תדבר :

11. 9 [...]ן עצה אל תתור ובריב זדים אל תקומם :

אל תתעב אדם

MS B (I *v.*)

אם תברח לא תדביק   ולן..]מלטנו אם תנוס:[26]

11.10 עשקך   בני למה תן....]וֹשׁ[..]   ואץ להרבות לוא ינקה :

בני אם לא תרוץ לא תן...]   [.]אם לא תבקש לא [.]מן..]

MS B (II *r.*)

15.1 כי ירא ײ יעשה זאת   ותופש תורה ין.....]ה :

15.2 וקדמתהו כאם   וכאשת נעורים תן..]לנו :

15.3 והאכילתהו לחם שכל   ומי תבונה תשקנו : ומתבואתה

15.4 ונשען עליה ולא ימוט   ובה יבן...]לן.....]

15.5 בתוך ריעהו   ורוממתהו ° מרעהו   ובתוך [.........]

15.6 ימצא   ששון ושמחה °תמצא   ושן...........]

15.7 לא ידריכוה מתי שוא   ואנשן...........]

15.8 רחוקה היא מלצים   ואנשן...........]

15.9 לא נאתה תהלה בפי רשע   כי לא [.........]

15.10 בפי חכם תאמר תחלה   ומושל [.......]

[26] After 11,9 there is a blank line. The characters visible here show through from 10,31 (*recto*).

MS B (II *r.*)

15.11		אל תאמר מאל פֿשעי	כי̊ כל אשר שנא אֿמֿרֿ לךֿ [....]	
		אל תאמר מה פעלתי	כי את אשר שנא לא אעשׂ[.]	
15.12		פן תאמר היא התקילני	כי אין לי̊ חפץ באנשי חמס :	צֿ[...]
15.13	רֿעה	ותֿועבה שנא אלהים	ולא י[..]הֿ לן[...]יו :	
15.14	[....]ם מבראשית	הוא מֿראש ברא אדם	וישיתהו [................]ו :	
15.15		אם תחפץ תשמר מצוה	ואמֿונה לעשות רצון אל :	ותבונה לע רצונו
		[.........]	[......]יה :	
15.16		[.]וצק לפֿניך מים ואש	באשר תחפץ תשלח י[...]	
15.17	(II *v.*)	לפני אדם חיים ומות	וכל שיחפץ יתֿן לו :	ינתן
		כי ל[...] חכמת ייי	אל בגבורה ומביט לכל:	
15.18		ספקה חכמת ייי	אמיץ גבורות וחוזה כל :	
15.19		[.........] מעשיו	והוא יכיר כל מפעל אנוש :	
15.20		[........] לחטא	ולא למד שקרים לאנשי כזב :	
		[...........] כזב	ולא מרחם על עושה שוא ועל מגלה סוד:	
16. 1		[..............] שוא	ואל תשמח על בני עולה :	
16. 2		[........] תֿשֿמח בם	כי אין אתם יראת ייי :	
16. 3		[........]הם	ואל תבטח בחיליהם :	
		[.......]קבותם	[..] לא תהיה להם אחרית טובה :	

[......]חד עושה רצון אל מאלף ומות ערירי מאחרית זדון

[..] במות ערירי ממי שיהיו לו בנים רבים בני עולה ומאחרית זדון :

16. 4 מאחד ערירי ירא ייי תש[..]יר וממשפחות בוגדים תחרב :

מאחד נ[....]ש[....] וממשפחת בוגדים תחרב:

16. 5 רבות [.........]נ[.] ועצומות באלה שמעה אזני :[27]

16. 6 יוקדת אש בעדת רשעים [.]ש[..] להבה ובגוי [.]נף [..]תה [...] :

16. 7 אשר לא נשא לנסיכי קדם המורדים [....]רתם · בגב[....]

[27] A whole line has been erased after 16,5.

MS B (III *r.*)

30.11		אל תמשילהו בנעוריו	ואל תשא לשׂחיתותיו :	מש׳
30.12		כפתן על חי תפגע	רציץ מתניו שעודנו נער :	
		כיף ראשו בנערותו	ובקע מתניו כשהוא קטן :	
	יקשיח ישקיח	למה ישׂקה ומרה בך	ונולד {ולך} ממֿנו מפח נפש :	ולוד ממך
30.13		יסר בנך והכבד עליו	פן באולתו יתֿלע בך :	יתעל
30.14		טוב מסכן וחי בעצמו	מעשיר ונגע בבשרו :	
30.15	בשר שאר	חיי שׂר איתי מפז	ורוח טובה מפנינים :	
30.16	שאר	אין עושר על עושר שׂר עצם	ואין טובה על טוב לבֿב :	שאר
30.17		טוב למות מחיי שוא	ונוחת עולם מכאב נֿאמן :	מחיים רעים
		טוב למות מחיים רעים	ולירד °שאול מכאב עומד :	ולוד שא׳
30.18	פום	טובה שפוכה על פֿה סתום	תנופה מצגת °לפני °גלול :	מצגת גלול
30.20		כאשר סירים יחבק נערה ומתאנח	כן עושה באוֹנס משפט :	בגזל
		כן נאמן לן עם בתולה	וייי מבקש מידו :	בידך
30.21		אל תתן לדין נפשך	ואל תכשל °בעונֿך :	בעצתך :
30.22		שמחת לבב הם חיי איש	וגיל אדם האריך אפו :	
30.23		פת נפשך ופייג לבך	וקצפון הרחק ממך :	
		כי [....] הרג דין	ואין תעלה בקצפון :	

מה° יפ[-----]י הגרים
אשר לא יאכלון ולא יר[----]
כן מי [---] לו עושר
ואין נהנה ממנו
בעינו [----------]

ולֵרד לשאול ואל תכשילך עצתך:

	(III *r*.)	MS B		
30.24		קנאה ודן[.]ן [.]קן[..] ימים	ובלא עת תזקין דאגה :	
30.25	(III *v*.)	שנות לב טוב תחת מטעמים	ומאכלו יעלה עליו :	
31. 1	שקד	שקֹד עשיר ימחה שארו	דאֹגת מחיה תפרֹיע נומה :	~~תפריג~~
31. 2		דאגת מחיה תפריג נומה	ומחֹלי חזק תפרֹיע נומה :	ומחלה חז תפריג
	תנוד	רע[28] נאמן תנֹיד חרפה	ומסתיר סוד אוהב כנפש :	
31. 3	עמל	עמֹלי עשיר לקבל הון	ואם ינוח לקבל תענֹוג :	עמל :
31. 4		יגע עני לחסר ביתו	ואם ינוח יהיה צריך :	
		עמל עני לחסר כחו	ואם ינוח לא נחה לו :	
31. 5	חריץ	רודף חרוֹץ לא ינקה	ואוהב מֹחיר בו ישגה :	במח׳
31. 6	חללי	רבים היו חבֹולי זהב	והבוטח על פנינים :	
		ולא מצאו להנצל מרעה	וגם להושע ביום עברה :	
		כי תקלה הוא לאויל	וכל פותֹה יוקש בו :	פתח
31. 7	מצא	אשרי איש נמֹצא תמים	ואחר ממון לא נלוז :	
31. 8		מי הוא זה ונאשרנו	כי הפליא לעשות בֿעמ[.]	
31. 9	הנדבק	מי הוא זה שנֹדבק בו	והיה לו שלום והיה לו תֿפאֹרה:	לתפארה תפארת
31.10		כי ברבות שלום חייו	אהיה לך לתפארת :	
		מי ברכו וישלם חייו	היאֹ לך ֹלתפארתֿ :	אהיה לך להתפאר.:

ולא מצאו להנצל ביום עברה
ולהושיע ביום רעה :

מי הוא תאשרנו
כי הפליא לעשות :

דאגתו תפריג נומ[-]

[28] The second line of 31,2 is sometimes interpreted as 27,16.

	(III *v.*)	MS B		
		מי יוכל לסור ולא סר	ולהרע רעה ולא אֹ[..] :	
31.11		על כן חזק טובו	ותהלתו יסן[....]ל :	
	(IV *r.*)	מוסר לחם ויין יחדו		
31.12	איש	בני אֹם על שלחן ֗גדול ישבתה	אל תפתח עליו גֹרנך :	גרון
		אל תאֹמר ספוק עליו	זֹכור כי רעה עין רעה:	דע
31.13		רע עין שונא אל	ורע ממנו לא ברא :	
	תזיע	כי זה מפני כל דבר תזוֹע עין	ומפנים דמעה תֹדמע :	תֹתיע
	רע מ֗ חלק אֵל	רע ֗מעין לא חלק אל	על כֹן ֗מפני כל נס לחה :	על כל מלפני
31.14	תשית	מקום יביט אֹלֹ אל תושֹיט יד	ואל דיֹחד עמו בטנא :	תיחד
31.15	רע[.]	דֹעה רעך כנפשך	ובֹכל ששנאת התבונן :	וכל אשר
31.16	אכל כאיש נכח ואל תעט פן תגֹלע	הסב כאיש אשר נבחר	ואל תעט פן תגעל :	
		דע שֹׁרעך כמוך ואכול כאיש דבר ששם לפניך ולא תהיה גרגרן פן תמאס :		
31.17		[..]ל [...]ון בע[..]ר [...]ר	ואל [.]ל[..]ן [.]מֹאס :	
31.18		וגם [.]םֹ בין רבים ישבת	לפני רע אל תושט יד :	
31.19	נכון מועד	הלא די אנוש נֹבון[29] מזער	ועל יצוֹעיו לא ישיק :	יצוריו
31.20	ישנה	מכאוב ונדד ישיֹנה וצער ותשניק	ופֹני הפוכות עם איש כסיל:	ופנים
		שנות חיים על קרב צֹ[.]לל	וקם בבֹקר ונפֹשו אֹ[..] :	

[29] A *kaph* is written above the *beth* of נבון.

MS B (IV *r.*)

		ש[.........]ש נבוןֿ [30]	[.]לין עד בקר ונפשו עמו :	
31.21		[...]אֿ[................]	[....]ו ותנצא נחת :	
		[....................]	[...............]	
31.22	(IV *v.*)	בכל מעשיך היה צנוע	וכל אסון לא יגע בך :	
		הלא די אנוש נבון מזער וגם אם נאנסתה במטעמים קוה קוה וינוח לך :		
		שמע בני ואל תבוז לי	ובאחרית תשיב [..]י :	
	תלעג	שמע בני וקח מוסרי ואל תֿלעיג עלי ובאחרית תמצא דברי :		
31.23		טוב על לחם תברך שפה	עדות טובו נאמנה :	
31.24		רע על לחם ירגז בשער	דעֿת רועו נאמנה :	עדות
31.25		וגם על היין אל תתגבר	כי רבים הכשיל תירוש :	
31.26	ביתן	כור בוחֿן מעשה לוטש	כֿן היין למצות לצים :	כי היית מצות
		נבון בוחן מעשה מעשה	כן שכר לריב לצים :	
31.27		למי היין חיים לאנוש	אם ישתנו במת[..]תו :	
		מה חן[.......]ין	[...]א [.]ראֿש[..] לן[...] נֿוצֿר :	בֿאר שית נוצרו
31.28		שמחת לב וששון ועדוי	יין נשתה [..]תֿו וראי :	בעת
		חיי מה להסר תירוש	והוא לגיל נחלק מראש :	
31.29		כאב ראש לענה וקלון	יין נשתה בתחרה וכעס :	

[30] A *kaph* is written above the *beth* of נבון.

MS B (IV *v.*)

31.30	נוקש	[..]בה חמר לכסיל [..]קש	מח[.]ר כח ומספק פצע :	פחד:
31.31		במשתה היין [.]ל [.....]ע	[..]ל [..........]	תהרפהו
		דבר חרפה אל [......]	[...............]	[..]מו לעיני בני אד[.]
32.1		[..............]	[.............]	
	אין ני[---] אבא אן פסוק איסת נוסכהא דיגר (V *r.*)[31]	היה להם כאחד מהם : דאג להם	ואחר תסוב הכין צרכם ואחר תרבץ :	ובכין
32.2		למען תשמח בכבודם	ועל מוסר תשא שכל :	
32.3	סבכי / שבכי הולך	מלל שב כי ° הוא לך	והצנע שכל ואל תמנע שיר :	לכת
32.4		במקום היין אל תשפך שיח	ובלא מזמר מה תשפך שיח ובל עת מה תתחכם :	
32.5		כחותם על כיס זהב	שיר אל על משתה היין:	שירת
	נוב זיר	כומז אודם על ניב זהב	משפט שיר על משתה היין :	
32.6	נהפך ספיר	כרביד זהב ובו נפך °וספיו כך	נאים דברים יפים על משתה היין :	
	מלא	מלואות פז וחותם ברקת	קול מזמור על נועם רירוש :	
32.7	אתך	דבר נער אם צריך אתה	בחזק פעמים ושלש אם ישאלך :	ישא לך
32.8		כל לאמר ומעט הרבה	ודמה ליודע ומחריש יחדו :	
32.9		בין זקנים אל תקומם	ושרים אל תרב לטרד :	
32.10	~~ברד ינצח ברד~~	לפני ברד ינצח ברק	ולפני דכא ינצח חן :	
	בררי נצח ברד	לפני ברד ינצח ברק	ולפני בושי חן :	

[31] Persian gloss: ‘This half of the verse is found with this verse in the other MSS.’; Lévi, *The Hebrew Text* ..., 1904 (³1969), 33.

32.11 בעת מפקד אל תתאחר פטר לביתך ושלם רצון :

בעת שלחן אל תרבה דברים ואם עלה על לבך דבר :

32.12 [...] לן[...]ך ושלם רצון ביראת אל ולא בחסר כל :

32.13 [..]ל [.]ל [.]לה ברך עושך המרוך מטובתו :

32.14 דרש אל חי / וקוה רצון — דן[...]ל [.]ק[...]רצון ומתלהלה יוקש בו :

(V *v.*)

דורש אל יקח מוסר ומשחרהו ישיג מענה :

ישא — דורש חפצי אל יקח לקח ויענהו בתפלתו :

32.15 דורש תורה יפיקנה ומתלהלה יוקש בה :

32.16 ירא ייי יבין משפט ותחבולות מנשף יוציא :

יראי ייי יבינו משפטו וכחמות רבות יוציאו מלבם : וחכמות

32.17 חמס — איש חכם יטה תוכחות ואחר צרכו ימשך תורה : יאחר למשוך

32.18 חכמה — איש חכם לא יכסה כחמה ולץ לא ישמר לשונו :

איש חכם לא יקח שחד זר ולץ לא ישמר תורה :

איש חמס לא יקח שכל
זר ולץ לא יקח מצוה :

32.19 בלא עצה אל תפעל דבר ואחר מעשיך אל תתקצף :

32.20 בדרך מוקשת אל תלך ואל תתקל בנגף פעמים :

32.21 רשעים — אל תבטח בדרך מחתף ובאחריתך השמר : הזהר

32.22 אל תבטח בדרך רשעים ובארחתיך הזהר :

בכל דרכיך שמור נפשך כי כל עושה אלה שומר מצוה : מצות מצותו

(V *v.*) MS B

32.23 בכל מעשיך שמור נפשך כי עושה זה שומר מצוה :

32.24 נוצר תורה שומר נפשו ובוטח בייי לא יבוש :

33. 1 ירא ייי לא יפגע רע כי אם בניסוי [...ׄ]לֹ[.] ושב

33. 2 לא יחכם שונא תורה ומתמוטט כמסֹ[.......] במסער

33. 3 איש נבון יבין דבר ותורתו טֹ[..]קֹ[......]

MS B (VI *r.*)

מלוה ייי נותן לאביון
ומי בעל גמולות כי אם הוא :

35.11		בכל מן.]שיך האֿ[...]ים	ובששון הקדש מעֿשר :	מעשרך	מעשיך
35.12	כמתתו	תן לֿו {לאֵל} [.]מתֿנתו לך	בטוב עין ובהֿשֿגת יד :	ובהגשת[32]	ובהגיש
35.13		כֿי אלוה תשלומות הוא	ושבעתים ישֿיב לך :	ישלם	
35.14		אל תשחד כי לא יקח	ואל תבטח על זבח מעשק :		
35.15		כי אלהי משפט הוא	ואין עמו משוא פנים :		
35.16		לא ישא [.]נים אל דל	ותחנֿוני מצוק ישמע :	ותחנונים	
35.17	אנקת	לא יטש צעֿקֿת יתום	ואלמנה כי תרֿבה שיח :	תחבט	
35.18		הלא דמעה על לחי תרד	ואנחה על מרודית :		
35.20		תמרורי רצון הנחה	וצעֿקה ענן חשתה :	צעקתה	וצעקתיה
35.21	עבים חלפה	שועת דל ענן ֿחל עם	ֿועד תגיע לא תנוח :	כי	
		לא תמוש עד יפקוד אל	ושופט צדק יֿעשה משפט :	עושה	
35.22	אדון	גם אֿל לא יתמהמה	ֿוכגבור לא יתאפק:	מה	
	מפני	עד ימחץ מֿתני אכזרי	ולגוים ישיב נקם :		
35.23	שבטי	עד יוריש שבֿט זדון	ומטה רשֿע גדוע יגדע :	רשעים	
35.24		עד ישיב לאנוש פעלו	וגמול אדם כמזמתו :		
35.25		[.....] ריב עֿמו	ושֿמחֿם בישועתו :	וישמחם	
35.26		[...........]ן מצוקה	כעת חזיזים בעת בצורת :		

ועד כי תגיע לא תנוח :
וגבור מה יתאפק :

[32] A supralinear *kaph* is written on top of the *beth* in both ובהגיש and ובהגשת.

		MS B			
	(VI *r*.)	[....................]	[....................]		
	(VI *v*.)	-	פּ		
36. 1-2		הושיענו אלהי הכל	ו[..]יםּ פחדך על כל הגוים :		
36. 3	יד	הניף° על עם נכר	ויראו את גבורנ[.]יך :		
36. 4	בם	כאשר נקדשת לעיניהם בנו	כן לעינינו הכבד בנו :	בם	
36. 5		וידעו כאשר ידענו	כי אין אלהים זולתך :		
36. 6		חדש אות ושנה מופת	האדר יד ואמץ זרוע וימין :		
36. 7		העיר אף ושפוך חמה	והכניע [..] והדוף אוהב :	[...]דוף	
36. 8	מצער	החיש קץ ופקוד מועד	כי מי יאמר לך מה תעשה :	תפעל :	
36.10	אויב	השבת ראש פאתי מואב	האומר אין זולתי :		
36.11		אסוף כל שבטי יעקב	ויתנחלו כימי קדם :		
36.12		רחם על עם נקרא בשמך	ישראל בכור כיניתה :		
36.13		רחם על קרית קדשך	ירושלם מכון שבתיך :		
36.14	מהדריך	מלא ציון את°הודך	ומכבודך את היכלך :		
36.15		תן עדות למראש מעשיך	והקם חזון דבר בשמך :		
36.16		תן את פעלת קוויך	ונביאיך יאמינו :		
36.17	עבדך	תשמע תפלת עבדיך	כרצונך על עמך :	ברצונך	

כאשר לעיניהם נקדשתה בם
כן לעיניהם הכבד בם :

חדש אל ושנה תמה האריך יד וזריז ימים :

אין פסוק אז[33]
[-]וס תהא ידינג[-]
אידר זא הישתן[-]
בוד רבי נבישתה

[33] Persian gloss: 'This verse is from other copies; it was omitted here and not written.'; Lévi, *The Hebrew Text* ..., 1904 (³1969), 37.

		MS B		
	(VI *v.*)			
	ויראו	וידעו [.]ל אפסי ארץ	כי אתה אל [....]	
36.18	פּ	כל מאכל אוכל גרגרת	אך יש אוכל [....]לן...]ים :	
		[.]לן....]קן.]ל	[.............] : {אך יש אשה יפה :}	
36.19	(VII *r.*)	חיך בוחן מטעמי[34] דבר	ולב מבין מטעמי כזב :	
36.20		לב עקוב יתן עצבת	ואיש ותיק ישיבנה בו :	ישיבנו
36.21		כל נבד תאכל חיה	אך יש מכה ממכה תנעם :	
36.22	יהלל	תואר אשה והליל פנים	ועל כל מחמד עין יגבר :	
36.23	בה	ועד אם יש מרפא לשון	אין אשה מבני אדם :	
36.24	קינה	קנה אשה ראשית קנין	עזר ומבצר ועמוד משען :	עיר מבצר
36.25		באין גדיר יבוער כרם	ובאין אשה נע ונד :	
36.26		מי יאמין גדוד צבא	המדלג מעיר אל עיר :	
	[.]שר אין לו	כן איש אשר לא קן	המרגיע באשר יערב :	
37. 1-2		כל אומר אמר אהבתי הלא דין מגיע על מות רע כנפשך נהפך לצר:		
37. 3	הוי רדע	הן[.]ו רע שאמר מדוע כן נוצרתי	למלא פני תבל תרמית :	
37. 4	יאמר מ׳ נוצרתי מדוע א מ על שחת	מרע אוהב מביט אל שלחן	בעת צוקה מנגד יעמד :	מנגב
37. 6	בקבר	אל תשכח חביר בקרב	ואל תעזבהו בשללך :	
37. 7		כל יועץ יניף יד	אך יש יועץ דרך אל ליו :	

כל יועץ אומ[-] חזה
אך יש יועץ דרך עליו :

[34] A *mem* was originally written under the *ayin*.

חך בוחן מטעמי זבד
וחן נבון מטעמי זבד

[--] הסוגר ב[---]
אך יש מאכל ממאכל תנעם

כל אוהב אומר אהבתי
אך יש אוהב שם אוהב :
הלא דין מגיע על מות
רע כנפש נהפך לצר :

כל אוהב אמר אהבתי
אך אוהב שם אוהב :
הלא דין מגיע על מות
רע כנפש נהפך לצר :

אל תכחש חבר בקרב
ונגד ערים יחזיק צנה :
נוחל
אוהב טוב נלחם עם זר
ונגד ערים יחזיק צנה :

		Ms. B		
	(VII *r.*)			
37.8	מה יועץ	מיוֹעץ שמור נפשך	ודע לפנים מה צורכו :	
	נפשך	[.......]לנפ̇שו יחשב	למה זה אליו יפול :	
37.9	להביט	[.......] לן[...̊] ד̇רכך	ו̇ק̇[.....] להביט רישך :	ר̇אשך :
37.10		[...̊..............]ל̇[....]	[...............]	א
37.11	(VII *v.*) אל	עם אשה ע̇ל צרתה	ומד̇ר אל מלחמתו :	ומלוכד ע מ
		עם סוחר אל תתגר	וממקנה {א} על ממכר :	ומקונהע ממכר̇ו
	על גימילות	עם איש רע א̇ל תגמל חסד	ואכזרי על טוב בשר :	
		פועל שוא על מלאכתו	שומר שוא על מוציא רע	
37.12	איש	אך אם י̇ש מפחד תמיד	אשר ̊תדע שומר ̊מצוה :	מצותיו
	{ב}כלבבו	אשר עם לב̇בו כלבבך	אם תכשל יגיע̇ אליך :	[.]עבר בך :
37.13		וגם עצת לבב הבין	מי יאמין לך אמן ממנו :	
37.14	מגיד	לב אנוש יג̇יד שעיותיו	משבעה̇ צופים על מצ̇פה :	משבעים צפים ע שן:
37.15	העתר	ועם כ̇ל אלה עת̇ר אל אל	אשר יכין באמת צעדיך :	
37.16		ראש כל מעשה דבר	וראש כל פועל הי̇א מחשבת :	
37.17	עקר	ע̇קרת ת̇חבולות לבב	ארבעה שב̇ט̇ים יפ̇[...] :	שרביטים
37.18	ורע	טוב ור̇עה וחיים ומות	ומוש̇לת בם כליל לשון :	ומשלח
37.19		יש חכם לרב̇ים̇ נחכם	ולנפשו הוא ג̇ואל :	נואל
37.20		ויש חכם בדברו נמאס	ומכל מאכל תענוג נבצר :	

וגם עצת לבבו כך
כי אם אמון ממנו :

ראש כל מעשה מאמר
לפני כל פועל היא מחשבת :

פועל שו[----]ל מלאכת שכיר שו[--] מצא ורע [---]

Verse	Margin	MS B		Margin
	(VII *v.*)	MS B		
37.22		ויש חכם לנפשו יחכם	פרי דעתו על גויתו :	
37.25		חיי איש מספר ימים	וחיי עםֿ ישראל [..........]	ישורון
37.24		חכם לנ̇[......]ע̇ תענוג	[....]ר̇והו [........] :	
		[..............]	[.................]	
37.27	(VIII *r.*) בחמר	בני בחייך נס נפשך	וראה מה רע לה אל תתן לה :	
37.28	כי ל לכ׳ טוב תענוג	כי לא הכל לכל טובֿ	לא כל נפש כל זן תבחר :	
37.29	תזר אל -	אל תזֿרע לכֿל תענוג	ואל תשפך על כל מטעמים :	
37.30	אוכל ירון	כי ברוב תענֿוג יקנן חולי	והמרֿבה יגיע אל זרא :	והמזיע
37.31	יגועו	בלא מוסר רבים יגועו ° ועועו	והנשֿמר יוסיף חיים :[35]	ובהשמר
38.1	רעה צרכך	רֿעי רופא לפני צרֿכו	°גם אתו חלק אל :	כי
38.2		מאת אל יחכם רופא	ומאת מלך ישא משאות :	
38.3		דעת רופֿא תרים ראשו ולפני נדיֿבים יתיצב :		מלכים
38.4	ברא שמים	אל מארץ מוציֿא תרופות	וגבר מבין אל ימאס בם :	
38.5	מעץ	הלא בֿעץ המתיקו מים	בעבור להודיע כל אנוש כחֿו :	כוחם
38.6		ויתן לאנוש בינה	להתפאר בגבוֿרתו :	בגבורתם :
38.7		בהם רופא יניח מכאוב	וכן רוֿקח עושה מרקחת :	קרח

ויש חכם לעמו
פרי דעתו בגויה

אל תזרו אל תענוג
ואל תתחנג אל מטעמים :

רעה רועה רופא לפי צרכך
כי גם אותו חלק אל :

[35] MS B has a blank line after 37,31.

		MS B		
	(VIII *r.*)			
38. 8	ישכח	ל[.]ען לא יש[..]ת מעשהו	ותושיה מבני אדם :	מבני מפני ארצו
38. 9	במחלה	בני בחולי אל תתעבר	התפלל אל אל כי הוא ירפא :	פלל
38.10	[.]סיר מ׳ והכר	[...]עול ומהכר פנים	ומכל פשעים טהר לב :	
38.11	אזכרתה	[.........]אזכרה	ודשן ערוך בכנפי הוניך :	ערך הנך
38.12		וג[.] ל[......] מקום	ולא ימוש [......] צורך :	ולא ישמש מאח
	(VIII *v.*)		פ	כגב צוכיך :
38.13		כי יש עת אשר בידו מצלחת	כי גם הוא אל אל יעתיר :	
38.14	ימנה	אשר יצלח לו פשרה	ורפאות למען מחיה :	
38.15		אשר חוטא לפני עושהו	יתגבר לפני רופא :	יסתוגר
38.16		בני על [36]המת הזיב דמעה	התמרר ונהה קינה :	התמרמר ונה[.]
	כמשפט א׳ שארם	כמשפטו אסוף שארו	ואל תתעלם בגויעתם :	תתחד בגויתם
38.17	בכי והחם	המר בני והתם מספד	ושית אבלו כיוצא בו :	
		יום ושנים בעבור דמעה	והנחם בעבור עון :	
38.18		מדין יוצא אסון	כן רע לבב יבנה עצבה :	
38.20	תשית עליו	אל תשיב אליו לב עוד	פרע זכרו וזכור אחרית :	והכר
38.22	כן	זכור חקו כי הוא חקך	לו אתמול ולך היום :	
38.21		אל תזכרהו כי אין לו תקוה	מה תועיל ולך תריע :	

עת אשר בידו מ׳
כי הוא אל אל יעתיר

על ידי

[36] A *mem* was originally written under the *he*.

		MS B		
	(VIII *v.*)			
38.23	כשבות מת ישבות ז׳	מושבתْ מתْושבת זכרו	והנחם עם צאת נפשו :[37]	
38.24		חכמת סופר תרבה חכמה	וחסֿ[.] עסק הוא יתחֿ[..] :	
38.25		מה יתחכם תומך מלמד	ומתפאר בחנית מרעיד :	
	וישובב בשיר	באלוף ינהג ישֿובב {לשדד} ֯בשור	ושעיותיו ע[.] בנֿ[....]	
38.26		ושקידתו לכלות מרבק	לב יָשִׁית לשד[.......]	
38.27		אף עשהֿ [......]שב	אשר ליֿל[...֯.]	ינהג
39.15	(IX *r.*)	[..]ירות נֿבֶל וכֿלי מינֿ[.]	וכן תאמר בתרועה :	
39.16		[....] אל כْלם טובים	וכْל צורך בעתו֯ יספיק :	לכל צריך ב׳ יספיקו :
39.17		[.....] יֿעריך [..]	ומוצא פיו אוצרו :	
39.18		תנֿ[...] רֿצונו יצליח	ואֿיֿן מעצור לתשועתו :	
39.19		מעשה כל בשר נגדו	ואֿיֿן נסْתר מנגד עיניו :	מסותר
39.20		מעולם ועד עולם יביט	[......] מספר לתשועתו :	
		אין [...] ומעט עמו	ואֿיֿן נפלא וחזק ממנו :	

[37] MS B has a blank line after 38,23.

MS B

	(IX *r*.)			
39.21		אין לאמר זה למה זה	כִּי הכל לצרכו נִבְחָר :	בעתו יגבר
		אין לֹאמַר זה רע מזה	כי הכל בעתו יגבר :	
39.22	[38]	בר͏ֿכות כיאר הציפה	וכנהר תבל ריותה :	
39.23	[39]	[..] זעמו גוים יור͏ֿיש	ויהפך למלח משקה :	
39.24	[.]רחותיו ישרן[..]	[....]ת͏ֿ תמים יישׁ͏ֿרו	כן לזרים [..]תוללו :	
39.25		[.....]וב חלק מראש	כן לרעים טוב ור͏ֿע :	לרע
39.26		[........]לן[...] אדם מים	ואש וברזל ומלח :	
		[......]לב ודבש	דם ענב יצהר ובגד :	
39.27		כל [....]ים ייטיבו	כן לרעים לר͏ֿעה נהפכו :	לזרא
39.28	[...]או	[.............]צ͏ֿרו	[........]ם יעתיקֹן[.]	
		[.................]	[.................]	
	(IX *v*.)			
39.29		אש וברד רע ודבר	גם אלה למשפט נ[....]	
39.30		חית שן עקרב ופתן	וחרב ͏ֿנקמות ͏ֿלהחר͏ֿים [...]	[40]
	גם נבחרו	כ͏ֿל אלה לצורכם נברא͏ֿו	והמה באוצר͏ֿ ולעת יפקדו :	בא[..]רו לעת
39.31		בצותו אתם ישישו	ובחקם לא ימרו פ͏ֿיו :	פיהו
39.32		על כן מראש התי[.]בתי	והתבוננתי ובכתב הנחתי :	

[38] The marginal reading is illegible.
[39] The marginal reading is illegible.
[40] The marginal readings have been lost as a result of a lacuna on the left.

MS B (IX *v.*)

Verse	Margin			Margin
39.33	הכל	מעשה אל כֹלם טוֹבִים	לכל צוֹרך בעתו יסֿפוק :	צרוך
39.34	אין מזה	אֹל לאמר זה רע מה ° זה	כי הכל בעתו יגבֹיר :	יגבר
39.35	[.]פה	עַתָּה בכל לבֹ הרנינו	וברכו את שם הקן[..̊.]	קדשו
40.1	עליון	עסק גדול חלק אֹל	ועול כבד על בני אדם :	
		מיום צאתו מרחם אמו	עד יום שובו אל אֹם כל חי :	ארץ כ׳ ח
40.3	[41]	מיוֹשב כסא לגבה	עד לשׁוֹב עפר ואפר :	לובש לבש
40.4		מעוטה צניף וציץ	ועד ° עוטה שמלת [...]	עד עוש[.]
40.5		אך קנאה דאגה ופחד	אימת מוֹת תהר[....]	מ׳ תח׳ ורי׳ב
		ועת נו[..] על משכבו	שינת לילה [.]עַ[..̊]	ת׳ דעתו
40.6	קֿח	מעט לרוֹק כרגע ישקוט	ומבין [..]ל[.......]ש :	
		מעט טע מחזון נפשו	כשריד [.......] רודף :	
40.7		[..] עודך [..........]	וּמֿרֿאוֿ [........] מנוֹח :	
40.8		[..............]	[..............]	
40.9	(X *r.*)	[..]ר̇ ודם חרחֻר וחרב	שד ושבר רעה ומוּתּ :	
40.10		[.]ל רשע נבראה רעה	ובעֹבור ° תמוש ° כלה :	ובעבורו ת׳ רעה :
40.11		כל מארץ אל ארץ ישוב	ואֹשר ממרום אל מרום :	ויש׳
40.13	חיל מחיל	מחול אֹל חוֹל כנחל איתן	ומֹאפיק אדיר בחזיז קולות :	וכאפיק

אף [-]פֿן עד כל

נכשכן

41 The marginal reading is illegible.

		MS B		
	(X *r.*)			
40.14	עם שאתו	עםْ עם ֺשאתו כפים יגילו	כי פתאם לנצח יתם :	
40.15		נצר מחמס לא ינקה	כי שורש חנף ען שן סלע :	
40.16		כקרדמות על גפת [.]חל	מפْני כֹל מטר נדעْכו :	לפני נדעכה
40.17		וחסד לעולם֯ לא ימוט	וצדקה לעד תכון :	
40.18	יותר שכל	חיי יין ֺושכר ימתקו	ומשניהם מוצא אוֹצר :	סימה
40.19		ילד ועיר יעמידו שם	ומשניהם מוצא חכמה :	
		שגר ונטע יפריחו שם֯	ומשניהם אשה נחשקת	
40.20		[..]ן ושכר יעליצו לב	ומשניהם אהבת דודים :	
40.21	חליל	[...]ל ונבל יעריבו שיר	ומשניהם לשון ברה :	
40.22		[.........]מידו עין	ומשניהם צמחי שׂדה :	שדי
40.23		[.........]ת ינהגו	ומשניהם אשה משכלת :	
40.24	[42]	אח [...........] צ֯רה	ומשני֯הם֯ צדֺק מצלת :	צדקה
40.25		זהב וכס[........]ל	ומש[..........]	
40.26		חיל וכח יג[...] ל֯ב	ומשניהם [......]הים :	
	(X *v.*)	אין [.]יראת ﭏ מחסור	ואין לבקש עמה [...]ן :	

נצר חמס לא יכה בו   ושורש חנף על שן צור :

כל ימי עני רעים בן סירא אומ׳ אף בליל[-]
בשפל גגים גגו במרום הרים כומו :
ממטר גגים גגו מעפר כרמו לכרמים :
מי מאניד כו אין נא ·בינוסכתי אצל
בוד אילא נא קול [--] גופת

[42] The Hebrew text is followed by a Persian gloss. *Hebrew*: 'All the days of the poor are evil [see Prov. 15,15]. Ben Sira says, At night also. His roof is the lowest of roofs, and his vineyard is in the height of the mountains: the rain of other roofs falls on his roof, and the earth of his vineyard falls on other vineyards.' *Persian*: 'It is probable that this was not found in the original copy, but that it is used as a proverb.'; Cowley & Neubauer, *The Original Hebrew* ..., 1897, 7.

40.27		יראת אלהים כעדן ברכה	וכן כל כבוד חפתה :	
40.28	בני	מْני חיי מתן אל תחי	טוב נאסף ממסתולל :	
40.29		איש משגיח על שלחן זר	אין חייו למנות חיי[.]ם :	
	מעْגל נפשו מטעמי זבד	מעגלْ נפש מטעמוْ	לאיש יודע סודْ מעים :	יסור מזעים
40.30	עז נפשות ממתיק	לאיש עוז ° נפש °תמתיק שאלה	ובקרבו תבער °כמו אש :	כאש בוערת
41. 1	הוי	חיْים למות מה [.]ר יברך	לאיْש שוקט על מכונתו :	
		איש שליו ומ[.]ליח	ועוד בן[..]יל לקבל תענוג :	
41. 2	חוק חזק חֻוקו	האח למות כי טוב חקْיך	לאיש אונים וחסר עצמה :	
	ונוקש	איש כושל ינْקש בכל	סרב ואבד תקוה :	
41. 3		אל תפחד ממות חוקיך	זן..]ר כי ראשנים ואחרנים עמך :	
41. 4		זה חלק כל בשר מאל	ומה תמאס בתורת עלי[..]	
		לאלף שנים מאה ועשר	איْש תוכחות בשْ[..]ל חיים :	אין
41. 5	כי כן נאמס דבת ערים	נין נמאס דברْ רעיםْ {ערים}	ונכד אויל [.......]ע :	
41. 6	מבין ערל רישם	מבןْ עול ממשלת רע	[....] זר[..........]	
41. 7		אב רשע יקו[..]לן[.]	כי [..]לל[......]	
41. 8		[...]ל [.........]	[............]יון :	
41. 9	תפרו	אםْ [......] ידי אסון	[......]ולידו לאנחה :	

איש כושל ונוקש בכל אפס המראה ואבד תקוה :
איש נוקש ומושל בכל אפס המראה ואבד תקוה :

אם תפרו על יד אסון
ואם מולידו לאנחה :

MS B (XI *r.*)

			[.]ם תכשלו לשמחת עולם	ואם[43] תמותו לקְללה :	לקללתה :	
41.10	כל מאונים אל אונים	מאונם א׳ אונם	כל מאֶפס אל אפס ישוב	כןֹ חנף מתהו אל תהו :	בן	
41.11		בני	הבל֯ אדם בגויתו	אך שם חסד לא יכרת :		
41.12			פחד על שם כי הוא ילוך	מאלפי אוצֹרות חכֹמה :	חמדה	סמות
41.13		טוב חי מספר ימים	טוֹבת חי ימי֯ מספר	וטוֹבת שם ימי אין מספר :	וטוב	
41.14		וסימה מסותרת	חכמה טמונה ואוצֹר מוסֹתר	מה תוֹעלה בשתיהם :	תעלה	ימפון
41.15			טוב אנ[.]שׁ מצפין אוֹלתו	מאיֹשׁ מצֹפין חכמתו :	מאדון	
			מֹוֹסֹרֹ בֹּשֹׁ[.]ֹ שֹׁמֹ	מוסר בשת :		
			מוסר בשת שמעו בנים	והכלמו על משפטֹי :	משפטו	
41.16			לא כל בשת נאה לשמר	ולא כל הכלם נבחר :		
41.17		על פחז	בוש מאב ואם אל זנות	מנשיא יושב֯ אל כחש :	ושָׂר עַל	
41.18			מאדון וגברת על שקר	מעדה ועם על פשע :		
		משותף ממקום	[....]רע על מעל	וממקום תגור֯ על זֹר :	ונגיר על יד :	
41.19			[..........]לה וברית	ממטה אציל אל לחם :		
			[.......]אלה	מחשבֹ אפי רעך :	מיהשע פי	
41.21	ממ[--] מתת שאלה / מי השע פי רעיך : / מחשבות מחלקות / מנה משאול שלום / המחרישו		מהשׁ[.....]לן[...] מנה	[...]ל שלום מ{ה}חריש :	משואל	
		אשה	מהביט [............]	ומה[.]ק[...]ל [....]	[..]רה	
41.22		דבר חסד	מאוהב על [..]רי חרפה	ומאחרי מ[..] א[...]אץ :	שאלה	

[43] There are some illegible characters before ואם.

42. 1		משנות דבר תשמע	ומחסוף כל סוֹד עצה	על סוד
		והיית בוש באמת	ומצא חן בעֿיני כל חי :	
	אל	אך עֿל אלה אל תבוש	ואל תשא פנֿים וחטא :	
42. 2	אל	עֿל תורת עליון וחוק	ועל מצֿדיק להצדיק רשע :	משפט
42. 3	שותף	עֿל חשבון ב חוֹבר ואדון {וארח}	ועל מחֿלקות נחלה וישֿ :	וישר
42. 4		ועל שחק מאֿזנים ופלס	ועל תמהות ֿאיפה ואֿבן :	תמורת אפה ואפה:
	חשבון	על מקֿנה בין רב למעט	ועֿל ממחֿיר [...]ר תֿגר :	מוסר
42. 6	טפשה	על אשה רעֿה חותם : חכם	ומקום ידים רפות תפתח :	
42. 7	מפקד יד תחשוב	על מקום תפקדֿ יד ֿתספור	ומתת ֿולקח הכל בכתב :	ושואה ותתה
42. 8	מרדות	על מוֿסר פותה וכסיל ושב וֿישיש ונוטל {ושואל} עֿצה בזנות :		ושב כושל ועונה בזנֿות
		והיית זהיר באמת	ואיש צנוע לפני כל חי :[44]	
42. 9	מטמון	בת לאב מֿטמנת שקר	דאֿגה תפ[......] :	ודאגתה
		בנעוריה פֿן תגור	ובבתוליה פן [....]	
42.10	תתפתה	בבתוליה פן תפֿותה	ובבי[........]	
	א׳ פחזה	בבית אביה פן [...ֿ]	ובבית א[........]	
42.11		[....]ל [...]ל[......]	[........] שם סרֿה :	סרח

ע׳ אשה ר׳ חורם ומ׳ יד׳ ר׳ תפתח :
בבית אביה פֿן[---] בית בע׳ ל׳ תנשה
בבתוליה פ׳ תחפחה ובב׳ איש פ׳ תעצר
דבת ע׳ ב׳ החזק משמר פ׳ תע׳ מ׳ לא׳
דבת ע׳ וק׳ ע׳ והבשת
בעדת שער

[44] There is a blank line after 42,8.

MS B (XI *v.*)

Verse	Margin	Colon A	Colon B	Margin
		דבת עִיר וקנ[..]ת עם	והושַׂבתך [..]דת שער :	והובישתך
	(XII *r.*)	[.]קׄום תגור אל יהי אשנב	ובית מביט מבוא סביב :	
42.12	תזכר	לכל זׄכר אל תתן תאר	ובית נשים אל תסתׄויד :	תסתיד
42.13		כי מבגד יצא עש	ומאשה רעת אשה :	
42.14		מטוב רוע איש מטיב אשה :[45]	ובית מחרפת תביע אשה :	
42.15		אזכר נא מעשי אל	וזה חזיתי ואספרה :	
	מעשיו	באומר אלהים רנ[..ׄ]ו	ופועל רצונו לקׄחו :	לקח
42.16		שמש זורנ[.]ת על כל נגלתה	וכבוד ייי על כל מעשיו :	
42.17		לא הספיקו קדושי אל	לספר נפלאות ייׄי :	גבורותיו
	אומץ	אִמׄץ אלהים צבאיו	להתׄחזק לפני כבודו :	להחזיק
42.18		תהום ולב חׄקר	ובכל מערומיהם יתבונן :	
42.19	ונהיות	מחוה חליפות נהׄיות	ומגלה חקר נסתרות :	
42.20		לנ[..]עדר ממנו כל שכל	ולא חלׄפו כל ׄדבר :	חלף מנו כ׳ דבר :
42.21	גבורות	גנ[.......]תו תכן	אחד הוא מעׄולם :	מתעולם
		לנ[.......] לא נאצל	ולא צרׄיך לכל מבין :	צרך
42.23a	יקים	הוא [.......ׄ.]לנ[..]	זה על [.]הׄ חלףׄ טובו :[46]	לכל צרוך הכל נשמע :

טוב רע איש
מחפרת מטוב אשה
ובית מחרפת
תביע חרפה :

[45] There is a blank line after 42,14.
[46] This colon is usually taken as 42,25a.

Verse	Margin	MS B		Margin
	(XII *r.*)			
42.25b		[........]ויִמי ישב[.] ל	[...]ל [........] ן[..] [47]	
43. 1b		ועצם שמי[..]רביט הדרו	ולכל [..]רך [...]ל [..]מע : [48]	
42.24	(XII *v.*)	כלם שונים זה מזה	ולא עשה מהם שו[.]	
43. 2	מופיע בצאתו	שמש מביע ° בצרתו חמה	מה נורא מעשי ייי :	
43. 3		בהצהירו ירתיח תבל	לפני חרבו מי יתכלכל :	
43. 4	מוצק	כור נפוח מהם מצׂוק	שלוׂח שמש ידליׂק הרים :	שלוח ש׳ יסיק
	לשון	לשאון מאור תגמר נושבת	ומנורה תכוה עין :	
43. 5	כי גדול וליון עשה	כי גדׂיל ייׂי עשהו	ודבריו ינצׂח אביריו :	ינצח
43. 6	עת עת עד עת	וגם ירח ירח עתותׂ שכות	[.]משלת קץ ואות עולם :	
43. 7	בו מו׳ וממנו	בםׂ מועד וזמני חוק	וחפץ עתה בתקופתו :	
43. 8	כשמו והוא	חדש בחדׂשו הׂוא מתחדש	מה נורא בהשׂתנותו :	בתשובתו׳
		כלי צבא נבלי מרום	מרׂצף רקיע מזהירתו :	מערץ
43. 9		תואר שמים והדר כוכב	ואורׂו מזהיר במרומי אל :	ועדי משריק ב׳ אל :
43.10		בדבר אל יעמד חק	ולא ישׂח באשמרותם	ישון
43.11	עושה	ראה קשת וברך עושׂיה	כי מאד נאדׂרה [...]וד :	נהדרה
43.12	הוד הקיפה בכבודו	חוק °הקיפה °בכבודה	ויד אׂל נטתה [....]	לא
43.13		גבורתו תתוה ברק	ותנצח ° זיקות [.....]	[....]ח זיקים

זה על זה חלף טוב
ומי ישבע להביט תואר
תואר מרום רקע על טהר׳
ועצם שמים מביט נהרה :

נערתו תמוה בקר והמנה יקום בם׳

[47] This colon is usually taken as 43,1a.
[48] This colon is usually taken as 42,23b.

	(XII *v.*)	MS B		
43.14	למענו	לְמַעַן ברא אוֹצָן.	ויעף [........]	
43.15		[....................]	[................]	
43.16		קוֹל [.....]חוֹל ארצו	זלעפון[....]ן סופה וסערה :	
43.17	כר׳ (XIII *r.*)	[.]רֹשף יניף שלגו	וכארבה ישכון דרֹתו :	רד׳
43.18	יהגה	תואר לבנה יגֹהה עינים	וממטרו יהמה לבב :	
43.19	ישפך	וגם כפור כמלח ישכֹון	ויציץ כספיר ציצים :	
43.20		צינת רוח צפון ישיב	וכרקב יקפיא מקורֹו :	מקוה
		על כל מעמד מים יקרים	וכשרין ילבש מקוה :	
43.21		יבול {הרים} כחרב ישיק	ונוֹה צמחים כלהבה :	וצור
43.22	טל פורע	מרפא כל מערף ענן טל	ֹפורע לדשן שרֹב :	רטב
43.23	משובתו	מחשֹבת[...]שיק רבה	ויט בתהום איֹים :	אוצר
43.24		יורדי הים יספרו קצהו	לשמע אזננו נשתומם :	
43.25	מעשיו	שם פלאות תמהי מעשֹהו	מין כל חי וגבורות רבה :	
43.26	למענהו למען	למעֹנו יצלח מלאך	ובדבריו יפעל רצון :	
43.27		עוֹד כאלה לא נוסף	וקץ דבר הוא הכל :	
43.28	נגלה	[..ֹ]לה עוד כי לא נחקור	והוא גדול מכל מעשיו :	
43.29		נוֹן[......]אד מאד	ונפלאות דברֹיו :	גבורתו

קול רעמו יחיל ארצו
ובכוחו יזעים הרים :
אימתו תהרף תימין
על עול סופה וסערה :

43.30 [...]ל֯ [.....]רימו קול בכל תוכלו כי יש עוד[49]
מרומים תחליפו כח ואל תלאו כי לא ת֯
43.32 רוב[......]לה   מע[.] ראתי ממעשיו :
43.33 את הכל֯[...........]   [..............]

(XIII *v.*)

שבח אבות עולם ∙∙

44. 1		אהללה נא אנשי חסד	˚אבותינו בדורותם :	את
44. 2	להם	רב כבוד חלק ˚עליון	וגדלו מימות עולם :	
44. 3	רודי	דו֯רי ארץ במלכותם	ואנשי שם בגבו֯רתם :	בגבורם
	יו֯	הי֯ועצים בתבונתם [50]	וחוזי כל בנבואתם :	
44. 4		שרי גוים במזמתם	ורוזנים במחקרותם	
	במס֯	חכמי שיח בס֯פרתם	ומושלים במ֯ש֯מ֯רותם :	
44. 5	ח֯קו	חוקרי מזמור על חו֯ק	נושאי משל בכתב :	
44. 6		אנשי חיל וסומכי כח	ושוקטים על מכונתם :	
44. 7	נכבדו	כל אלה בדור֯ם	ומי֯מיהם תפארתם :	ובימיהם
44. 8		יש מהם הניחו שם	להשת֯ע֯נות בנחלתם :	להשתעות להשעות
44. 9		ויש מהם אשר אין לו זכר	וישבתו כאשר ש֯ב֯תו :	

מ֯ר֯ו֯מ֯י֯ו֯ ה֯ח֯ל֯י֯פו כח ואל תלאו כי לא תח[---]

[49] The entire text of 43,30 is written on *one* line.
[50] Some illegible characters follow.

MS B (XIII *v.*)

		כאשר לא היו היו	ובניהם מאחריהם	
44.10		ואולם אלה אנשי חסד	ותקותם ל[....]ת :	
44.11		עם זרעם נאמן טובם	ונחלתם ל[........]	
44.13		עד עולם יעמד זכר֯[.]	וצדקת֯[.] ל[.....]	
44.14		[.......]ל[........]	[..........] ודור :	
44.16		חנוך [...]א תמים והתהלך עם ייי ו[..]קח אות דעת לדור ודור :		
44.17	(XIV *r.*)	[.]ח֯ צדיק נמצא תמים	֯לעת כלה היה תחליף :	בׄ
		בעבורו היה שארית	ובבריתו חדל מבול :	
44.18	כרת	באות עולם נכ֯רת עמו	לבלתי השחית כל בשר :	
44.19		אברהם אב המון גוים	לא נתן בכבודו֯ מום :	דופי
44.20		אשר שמר מצות עליון	ובא בברית עמו :	
		בבשרו כרת לו חק	ובניסוי נמצא נאמן :	
44.21		על כן בש[..]עה הקים לו	לברך בזרעו גוים :	
		להנחילם [.]ים ועד ים	ומנהר ועד אפסי ארץ :	
44.22	כן	וגם ליצחק הקים֯ בן	בעבור אברהם אביו :	
		ברית כל ראשון נתנו	וברכה נחה על ראש ישראל :	
44.23	ויכנהו בבכורה	ויכוננ֯הו בברכה	ויתן לו נחלתו :	
		ו֯יציבהו לשבטים	לחלק שנים עשר :	

חכמתם תשן[--] עדה
ותהלתם יספר קהל :

MS B (XIV *r.*)

Verse	Margin	First half	Second half	Margin
		[......] ממנו איש	מוצֿא חן בעיני כל חי :	ומצא
45. 1		[.....]להים ואנשים	משה זכרו לטובה :	
45. 2	ויכ׳ ייי	[.........]להים	ויאמצהו במרוֿמים :	במוראים
45. 3	בדברו	בדּן[..........] מהר [51]	ויחזקהו לפני מלך :	
		ויצוהו [.]ל [...]	וירֿן[........]	
45. 4	ובענותנותו	באמונתו ובעֿנותו	ויֿבחר בו מכל [...] :	
45. 5	(XIV *v.*)	וישמיעהו את קולו	ויגישהו לערפל :	
	ויתן	ויֿשם בידו מצוה	תורת חיים ותבונה	
	לי׳	ללמד ביֿעקב חקיו	ועדותיו ומשפטיו לישראל :	
45. 6		וירם קדוש את אהרן למטה לוי	וישימהו לחק עולם :	
45. 7	לו הודו	ויתן עליוֿ הוד	וישרתהו בכבוֿדו :	בברכה
	תואר	ויאזרהו בתועפות ראֿם	וילבישהו פעמוֿנים :	תעופה
45. 8	תפארתו	וילבישהו כליל תפארֿת	ויפארהו בן[..]וֿד ועוז :	
		מכנסים כתנות ומעיל	ויקיפ[.]ו פעמונים :	
45. 9		ורמונים המון סביב	לתת נעימה בצעדיו :	
		להשמיע בדביר קולו	לזכרון לבני עמו :	

תא
אין נוסכת אירד בוד [52]

[51] Some characters have been erased here.
[52] Persian gloss: 'This ms. goes no further.'; Lévi, *The Hebrew Text* ..., 1904 (^{3}1969), 61.

MS B (XIV *v.*)

45.10 בגדי קדש זהב תכלת וארגמן   מעשה חשב :

חשן משפט אפוד ואזור   ושני תולעת מעשה אורג :

45.11 אבני חפץ על החשן   פתוחי חותם במל[....]

כל אבן יקרה לזכרון בכתב חרות   למספר [.....]ראל :

45.12 עטרת פז מעיל ומצנפת   וציץ [......] קדש :

הוד כבוד ותהלת עז   מחמ[.........]ופי :

45.13 ל[....] ל[......]   [......]ל[.....]זר :

הא[.]ן [....] לבניו כזה   וכן בניו [...]רותם :

(XV *r.*)

45.14 [..]חתו כליל תקטר   וכל יום תמיד פעמים :

45.15 [..]מלא משה את ידו   וימשחהו בשמן הקדש :

ותהי לו ברית עולם   ולזרעו כימי שמים :

לשרת ולכהן לו   ולברך את עמו בשמו :

45.16 ויבחר בו מכל חי   להגיש עלה וחלבים :

ולהקטיר ריח ניחח ואזכרה   ולכפר על בני ישראל :

45.17 ויתן לו מצותיו   וימשילהו בחוק ומשפט :

וילמד את עמו חק   ומשפט את בני ישראל :

45.18 ויחרו בו זרים   ויקנאו בו במדבר :

אנשי דתן ואבירם   ועדת קרח בעזוז אפם :

45.19 ויכלם בחרון אפו : ויבא ... ויתאנף
ויאכלם בשביב אשו֯ : ויבא להם אות
45.20 ויתן לו נחלתו : [.....] לא֯הרן כבודו
אשי ייי יאכלון : [........]ש נתן לו לחם
45.21 ומתנה לו ולזרעו : [.........] ח֯לקו
45.22 ו֯בתוכם לא יחלק נחלה : אך֯ [.....] לא֯ ינ֯חל
[..........]ל אשי י[......]ל֯[..]
45.23 בגבור֯ה֯ [...........] וגם פינחס [.]ן אלעזר

(XV *v.*)

ויעמד בפרץ עמו : בקנאו לאלוה כל
ויכפר על בני ישראל אשר נדבו לבו
45.24 ברית שלום לכלכל מקדש : לכן גם לו הקים חק
כהונה גדולה עד עולם : אשר תהיה לו ולזרעו
45.25 בן ישי למטה יהודה : וגם בריתו עם דוד
נחלת אהרן לכל זרעו : נחלת אש לפני כבודו
המעטר אתכם כבוד : ועתה ברכו נא את ייי הטוב
45.26 ויתן לכם חכמת לב למען לא ישכח טובכם [...]ורתכם לדורות עולם:
46. 1 משרת משה בנבואה : גבור בן חיל יהושע בן נון
תשועה גדלה לבחיריו : אשר נוצר להיות בימיו

MS B (XV *v.*)

להנקם נקמי אויב ולהנחיל את ישראל :
מה נהדר בנטותו יד בהניפו כידון על עיר : 46. 2
מי הוא לפניו יתיצב כי מלחמות יי[.] נ֯ל[..] 46. 3
הלא בידו עמד השמש יום אחד [.......] : 46. 4
כי קרא אל אל עליון כאכפ֯ה֯ לן[.........] 46. 5
ויענהו אל עליון באבני [........]לן[....]
[.......]לן[......] ו֯ב֯[..........] 46. 6
ל֯מ֯ען [..]ת כ֯ל֯ גוי חרם כי צופה יי[..] מלחמתם :
(XVI *r.*) [..] כי מלא אחרי אל ובימי משה עשה חסד :
ה֯וא וכלב בן יפנה להתיצב בפרע קהל : 46. 7
להשיב חרון מעדה ולהשבית דבה רעה :
לכם גם הם בשנים נאצלו משש מאות אלף רגלי : 46. 8
להביאם אל נחלתם ארץ זבת חלב ודבש :
ויתן לכלב עצמה ועד שיבה עמדה עמו : 46. 9
להדריכ[..]ל [..]תי ארץ וגם זרעו ירש נחלה :
למען ד[..] כל ז֯ר֯ע יעקב כי טוב למלא אחרי ייי : 46.10
והשופטים איש בשמו כל אשר לא נשא לבו : 46.11
ולא נסוג מאחרי אל יהי זכרם לברכה ושמם תחליף לבניהם :

46.13 אוהב עמו ורצוי עושהו   המשואל מבטן אמו :
נזיר ייי בנבואה   שמואל שופט ומכהן :
נ̇[...] אל הכין ממלכת   וימשח נגידים על עם :
46.14 ב[........]וה̇ עדה   ויפקד אלהי יעקב :
46.15 ב̇[.........]ש חזה   וגם בדברו נאמן רועה :
46.16 וגם ה̇[......]ל [.]ל   [.....]ל̇[.....]ביו מסביב :
בעלתו [...]ל[...]   [...........]
46.17-18 בפקע אדיר נשמע קולו ויכנע נציבי צר ויא[....] סרני פלשתים :
(XVI *v.*) ועת נוחו על משכבו העיד ייי ומשיחו כופר ונעלם ממ[....]תי   וכל אדם לא ענה בו :
46.19 וגם עד עת קצו נבון נמצא בעיני ייי ובעיני כל חי :
46.20 וגם אחרי מותו נדרש ויגד למלך דרכיו וישא מארץ קולו בנבוא[.]
47.1 וגם אחריו עמד נתן   להתיצב לפני דוד :
47.2 כי כחלב מורם מקדש   כן דויד מישראל :
47.3 לכפירים שחק כגדי   ולדובים כבני בשן :
47.4 בנעוריו הכה גבור   ויס[.....]לם :
בהניפו ידו על קלע   וישבר ת[..]רת גלית :
47.5 כי קרא אל אל עליון   ויתן בימינו עז :
להדף את איש יודע מלחמות   ולהרים את קרן עמו :

MS B (XVI *v.*)

47.6 על כן ענו לו בנות ויכנוהו ברבבה :
בעטותו צניף נלחם ומסביב הכניע צר :
47.7 ויתן בפלשתים ערים ועד היום שב[.] קנ[...] ·
47.8 בכל מעשהו נתן הודות לאל עליון [....]בוד :
דויד בכל לבו אוהב עושהו ובכל [............] :
47.9 הכין נגינות שיר ° ל[.......] וקנ[.]ל [........]לים תיקן : נבל
47.10 [....]ל[..........] [...........]שנה :
בהל[...]ת שם קדשו לפני בק[.] ירין משפט {מקדש} :
47.11 (XVII *r.*) [..] ייי העביר פשעו וירם לעולם קרנו :
[..]תן לו חק ממלכת וכסאו הכין על ירושלם :
47.12 [.]בעבורו עמד אחריו בן [.]שכיל שוכן לבטח :
47.13 שלמה מלך בימי שלוה ואל הניח לו מסביב :
אשר הכין בית לשמו ויצב לעד מקדש :
47.14 מה חכמת בנעריך ותצף כיאר מוסר :
47.15 ארץ [.........]ך ותקל[..]מרום שירה :
47.17 בשיר [..]ל חידה ומליצה עמים הסערתה :
47.18 נקראת בשם הנכבד הנקרא על ישראל :
ותצבר כברזל זהב וכעפרת הרבית כסף :

קול מזמור הנעים

47.19 ותתן לנשים כסליך ותמשילם בגויתך :
47.20 ו֯[.]תן מום בכבודך ותחלל את יצועיך :
[.....] אף על צאצאיך ואנחה על משכבך :
47.21 [........] לשני שבטים ומאפרים ממלכת חמס :
47.22 [......]ל לא יטוש חסד ולא יפיל מדבריו ארצה :
לא֯ [..........]ו נין ונכד [....]ב֯יו לא ישמיד :
ויתן ל[........] ול[.........]
47.23 וישכב שלמה֯ מיואש ויעזב א[.......]ך֯ :

(XVII *v.*)

רחב אולת וחסר בינה רחבעם הפריע בע[...] עם :
עד אשר קם אל יהי לו זכר ירבעם בן נבט אשר ח[...]א א[.....]
ויתן לאפרים מכשול להדיחם [.]אדמת֯ם
47.24 ותגדל חטאתו מאד ולכל רעה התמ[..] :
48.1 עד אשר קם נבי֯א כאש ודבריו כתנור בוער :
48.2 וישבר להם מטה לחם ובקנאתו המעיטם :
48.3 בדבר אל [...] שמים [......] א֯שות :
48.4 מה נורא֯ את[.] אליהו ו֯אשר כ[...] יתפאר :
48.5 המקים גוע ממות ומשאול כרצון ייי
48.6 המוריד מלכים על שחת ונכבדים [.]מטותם :

MS B (XVII *v.*)

48.8 המושח מלא תשלומות ונביא תחליף תחתיך :
48.7 והשמיע בסיני תוכחות ובחורב משפטי נק[.] :
48.9 הנלקח בסערה מעלה ובגדודי א[.....]
48.10 הכתוב נכון לעת להשבית אף לפנ[........]
להשיב לב אבות על בנים ולהכין ש[.......]ל
48.11 אשר ראך ומ[........] [.............]יה :
48.12 [.]ל[..............] [..]ל[..........]
פי ש[.........]בה ומופתים כל מוצא פיהו :
(XVIII *r.*) מימיו לא זע מכל ולא משל ברוחו כל בשר :
48.13 כל דבר לא נפלא ממנו ומתחתיו נברא בשרו :
48.14 בחייו עשה נפלאות ובמותו תמהי מעשה :
48.15 בכל זאת לא שב העם ולא חדלו מחטאתם :
עד אשר נסחו מארצם ויפצו בכל הארץ :
וישאר ליהודה מזער ועוד לבית דוד קצין :
48.16 יש מהם עשו יושר ויש מהם הפליאו מעל :
48.17 יחזקיהו חזק עירו בהטות אל תוכה מים :
ויחצב כנחשת צורים ויחסום הרים מקוה :
48.18 בימיו עלה סנחריב וישלח את רב שקה :

MS B (XVIII *r.*)

ויט ידו על ציון ויגדף אל בגאונו :
48.19 [...]מוגו בגאון לבם ויחילו כיולדה :
48.20 [.....]ו אל אל עליון ויפרשו אליו כפים :
[......]קול תפלתם ויושיעם ביד ישעיהו :
48.21 [.....]חנה אשור ויהמם במגפה :
48.22 [........]קיהו את הטו[.] ויחזק בדרכי דוד :
[..................] [.............]
48.23 [..................] [.............]
48.24 (XVIII *v.*) ברוח גבורה חזה אחרית וינחם אבלי ציון :
48.25 עד עולם הגיד נהיות ונסתרות לפני בואן :
49. 1 שם יאשיהו כקטרת סמים הממלח מעשה רוקח :
בחך כדבש ימתיק זכרו וכמזמור על משתה היין :
49. 2 כי נחל על משובתינו וישבת תועבות הבל :
49. 3 ויתם אל אל לבו ובימי חמס עשה חסד :
49. 4 לבד מדויד יחזקיהו ויאשיהו כלם השחיתו :
ויעזבו תורת עליון מלכי יהודה עד תמם :
49. 5 ויתן קרנם לאחור וכבודם לגוי נבל נכרי :
49. 6 ויציתו קרית קדש וישמו ארחתיה :

MS B (XVIII *v.*)

49.7 ביד ירמיהו כי ענוהו   והוא מרחם נוצר נביא :

לנתוש ולנתוץ ולהאביד להרס וכן לבנת לנטע ולהשׁ֯[.] :

49.8 יחזקאל ראה מראה   ויגד זני מרכבה :

49.9 וגם הזכיר את איוב נ֯[.]י֯א   המכלכל כל ד[....]ד֯ק :

49.10 וגם שנים עשר הנביאים   תהי עצמתם פר֯[.....]תם :

אשר החלימוֹ את יעקב   וישעוהו ב[.........]

49.11 [.....]ל [......]   [...............]

49.12 [................]   [................]

(XIX *r.*)

ויריםו היכל קדש   המכונן לכבוד עולם :

49.13 נחמיה יאדר זכרו   המקים את חרבתינו :

וירפא את הריסתינו   ויצב דלתים גבריח :

49.14 מעט נוצר על הארץ כהניך   וגם הוא נלקח פנים :

49.15 כיוסף אם נולד גבר   וגם גויתו נפקדה :

49.16 ושם ושת ואנוש נפקדו   ועל כל חי תפארת אדם :

50.1 גדול אחיו ותפארת עמו   שמעון בן יוחנן הכהן :

אשר בדורו נפקד הבית   ובימיו חזק היכל :

50.2 אשר בדורו נכרה מקוה   אשיח בם בהמונו :

50.3 אשר בימיו נבנה קיר   פנות מעון בהיכל מלך :

MS B (XIX *r.*)

50.4 הדואג לעמו מחתף   ומחזק עירו מצר :
50.5 מה נהדר בהשגיחו מאהל   ובצאתו מבית הפרכת :
50.6 ככוכב אור מבין עבים   וכירח מלא מבין בימי מועד :
50.7 וכשמש משרקת אל היכל המלך   וכקשת נראתה בענן :
50.8 כנץ בענפי בימי מועד   וכשושן על יבלי מים :
כפרח לבנון בימי קיץ   וכאש לבונה על המנחה :
50.9 ככלי זהב [.]ב̅נ̅[.]ת̅ א[.]יל   הנאחז על אבני חפץ :
50.10 כזית רענן מלא גרגר   וכעץ שמן מרוה ענף :
50.11 (XIX *v.*) בעטותו בגדי כבוד   והתלבשו בגדי תפארת :
בעלותו על מזבח הוד   ויהדר עזרת מקדש :
50.12 בקבלו נתחים מיד אחיו   והוא נצב על מערכות :
סביב לו עטרת בנים   כשתילי ארזים בלבנון :
ויקיפוהו כערבו נחל   כל בני אהרן בכבודם :
50.13 ואשי ייי בידם   נגד כל קהל ישראל :
50.14 עד כלותו לשרת מזבח   ולסדר מערכות עליון :
50.16 אז יריעו בני אהרן הכהנים   חצצרות מקשה :
ויריעו וישמיעו קול אדיר   להזכיר לפני עליון :

MS B (XIX *v.*)

50.17 כל בשר יחדו נמהרו ויפלו על פניהם ארצה :
להשתחות לפני עליון לפני קדוש ישראל :
50.18 ויתן השיר קולו ועל המון העריכו נרו :
50.19 וירנו כל עם הארץ בתפלה לפני רחום :
עד כלותו לשרת מזבח ומשפטיו הגיע אליו :
50.20 אז ירד ונשא ידיו על כל קהל ישראל :
וברכת ייי בשפתיו ובשם ייי התפאר :
50.21 וישנו לנפל שנית [.......]ל מ̄פניו :
50.22 עתה ברכו נא את ייי אלהי ישראל המפלא לעשות בארץ :

(XX *r.*)

המגדל אדם מרחם ויעשהו כרצונו :
50.23 יתן לכם חכמת לבב ויהי בשלום ביניכם :
50.24 יאמן עם שמעון חסדו ויקם לו ברית פינחס :
אשר לא ין[.]רת לו ולזרעו כימי שמים :
50.25 בשני גוים קצה נפשי והשלישית איננו עם :
50.26 יושבי שעיר ופלשת וגוי נבל הדר בשכם :
50.27 מוסר שכל ומושל אופנים לשמעון בן ישוע בן אלעזר בן סירא :
אשר ניבע בפתור לבן ואשר הביע בתבונות :
50.28 אשרי איש באלה יהגה ונותן על לבו יחכם :

כי יראת ייי חיים   אהללך אלהי ישעי אֿ[..]יך אלהי אבי :
51. 1 אספרה שמך מעוז חיי   כי פדית ממות נפשי
51. 2 חשכת בשרי משחת   ומיד שאול הצלת רגלי :
פציתני מדבת עם   משוט דבת לשון ומשפת שטי כזב :
51. 3 נגד קמי הי{י}תה לי   עזרתני כרוב חסדך :
ממוקש צופי סלע   ומיד מבקשי נפשי :
51. 4 מרבות צרות הושעתני [53]   וממצוקות שלהבן[.....]
51. 5 מכבות אש לאין פחה   מרחם [..]ום לאמ[..]
משפתי זמה וטפלי שקר   וחצי לשון מרמה :
(XX *v.*)
51. 6 ותגע למות נפשי   וחיתי לשאול תחתיות :
51. 7 ואפנה סביב ואין עוזר לי   ואצפה סומך ואין :
51. 8 ואזכרה את רחמי ייי   וחסדיו אשר מעולם :
המציל את חוסי בו   ויגאלם מכל רע :
51. 9 וארים מארץ קולי   ומשערי שאול שועתי :
51.10 וארומם ייי אבי אתה   כי אתה גבור ישעי :
אל תרפני ביום צרה   ביום שואה ומשואה :
51.11 אהללה שמך תמיד   ואזכרך בתפלה :

[53] The *yod* is written across a character that is probably a *waw*.

MS B (XX *v.*)

אז שמע קולי ייי ויאזין אל תחנוני :

51.12 ויפדני מ̄כל רע וימלטני ביום צרה :

על כן הודיתי ואהללה ואברכה את שם ייי :[54]

51.12a הודו לייי כי טוב כי לעולם חסדו :[55] פּ֯

51.12b הודו לאל התשבחות כי לעולם חסדו :

51.12c הודו לשומר ושראל כי לעולם חסדו :

51.12d הודו ליוצר הכל כי לעולם חסדו :[56]

51.12e [...]ו לגואל ישראל כי לעולם חסדו :

51.12f [..]דו למקן[..] נדחי ישראל כי לעולם חסדו :

51.12g הֿודו לבונה עירו ומקדשו כי לעולם חסדו :

51.12h הודו למצמיח קרן לבית דוד כי לעולם הסדו : (XXI *r.*)

51.12i הודו לבוחר בבני צדוק לכהן כי לעולם חסדו :

51.12j הודו למגן אברהם כי לעולם חסדו :

51.12k הודו לצור יצחק כי לעולם חסדו :

51.12l הודו לאביר יעקב כי לעולם חסדו :

51.12m הודו לבחר בציון כי לעולם חסדו :

---

54 There is a sort of arched symbol underneath the divine name ייי.
55 Some characters from the first word of 51,16 show through here.
56 Some characters from the first word of 51,19 show through here.

51.12n הודו למלך מלכי מלכים   כי לעולם חסדו :

51.12o וירם קרן לעמו תהלה לכל חסידיו לבני ישראל עם קרבו הללו יה : [57]

51.13 אני נער הייתי   וחפצתי בה ובקשתיה :

51.15 באמתה דרכה רגלי   אדני מנעורי חכמה למדתי :

51.16 ואתפלל תפלה בנערותי   והרבה מצאתי דעה :

51.17 עלה היה לי לכבוד   ולמלמדי אתן הודאה :

51.18 חשבתי להיטיב   ולא אהפך כי אמצאנו :

51.19 חשקה נפשי בה   ופני לא אהפך ממנה :

51.20 נפשי נתתי בה אחריה   ולנצח נצחים לא אט[.] מ͞מ[..]

ידי פתחה שעריה   ולה אח[..] ואביט ב[....]

ובטהרה מצאתי ולב קניתי לה מתחלתה בעבור כ[......]

(XXI *v.*)

51.21 מעי יהמו כתנור להביט בה   בעבור כן קניתיה קנין טוב :

51.22 נתן ייי לי שכר שפתותי   ובלשוני אהודנו :

51.23 פנו אלי סכלים   ולינו בבית מדרשי :

51.24 עד מתי תחסרון מן אילו ואילו   ונפשכם צמאה מאד תהיה :

51.25 פי פתחתי ודברתי בה קנו לכם חכמה בלא כסף :

[57] There is a blank line in MS B here.

וצואריכם בעלה הביאו ומשאה תשא נפשכם :
קרובה היא למבקשיה ונותן נפשו מוצא אתה :
ראו בעיניכם כי קטן הייתי ועמדתי בה ומצאתיה : 51.27
רבים שמעו למודי בנערותי וכסף וזהב תקנו בי : 51.28
תשמח נפשי בישיבתי ולא תבושו בשירתי: 51.29
מעשיכם עשו בצדקה והוא נותן לכם שכרכם בעתו : 51.30
ברוך ייי לעולם ומשובח שמו לדר ודר :
עד הנה דברי שמעון בן ישוע שנקרא בן סירא :
חכמת שמעון בן ישוע בן אלעזר בן סירא :
יהי שם ייי מבורך מעתה ועד עולם :[58]

[58] The text in the next three lines shows through from the other side of the folio (*recto*).

(I *r.*) 3.14 צדקת אב אל תשכח ותחת / ענותו תתנצן [ ]
3.15 ביום יזכר לך / וכחורב על קרח נמס חטאתיך :
3.16 כמגדף העוזב אביו וזועם / אל יסחוב אמו ·
3.17 בני את כל / מלאכתיך בענות הלוך ומאיש / מתן תאהב ·
3.18 בני גדול אתה / כן תשפיל נפשך ובעיני אלהים תמצא חן ·
3.21 פלאות ממך / אל תחקור ורעים ממך אל / [..]רוש :
(I *v.*) 3.22 באשר הורשיתה / התבונן ועסק אל יהי לך בנסתרות · /
41.16 לא כל בשת נאה לשמר / ולא כל הכלם נבחר ·
4.21 יש [59]/ בשת משאת עון ויש בשת / חן וכבוד ·
20.22 יש מאבד [60]/ את נפשו מבושת ובאולת / פנים יורישנה ·
20.23 יש נכלם / ומבטיח רעהו וקונהו שונה / חנם ·
4.22 אל תשא פנים לנפשיך / ואל תבוש למכשול לך ·
(II *r.*) 4.23 אל תמנע דבר בעיתו ואל / תקפוץ את חכמתך ·
4.30 אל תהי / כאריה בביתך ומתפחז בעבודתך· /
4.31 אל תהי ידך מושטת לשאת / ובעת השב קפודה ·
5. 4 אל / תאמר חטאתי ומה יהיה לו / כי ייי ארך אפים הוא :

[59] The left part of a *shin* is written here.
[60] The right part of an *aleph* is written here.

(II *r.*) MS C

5. 5 אל / סליחה אל תבטח להוסיף עון / על עון ·
5. 6 ואמרת / רבים רחמיו לרוב עוונותי יסלח · /
כי רחמים ואף עמו ועל רשעים יניח רגזו ·
5. 7 אל תאחר לשוב / אליו ואל תתעבר מיום ליום · /
(II *v.*) כי פתאום יצא זעמו ובעת נקם / תספה ·
5. 9 אל תהי זורה לכל / רוח ואל תלך לכל שביל ·
5.10 היה סמוך על דברך ואחר / יהיה דבריך ·
5.11 היה נכון / בשמועה טובה ובארך / ענה תענה נכונה ·
5.12 אם / יש אתך ענה ריעיך ואם / אין שים ידך על פיך ·
5.13 כבוד / וקלון ביד בוטה ולשון אדם מפליטו ·
36.19 חיך יטעם מטעמי זבד /
(III *r.*) 6.18 תשיג חכמה·
6.19 כחורש וכקוצר / קרב אליה וקוה לרוב תבואתה /
כי בעבודתה מעט תעבוד · / ולמחר תאכל פריה ·
6.28 כי / לאחור תמצא מנוחתה / ותהפך לך לתענוג ·
6.35 כל שיחה / חפוץ לשמוע ומשל בינה א[.] יצאך ·
7. 1 אל תעש רע / [...] ישיגך רע
7. 2 רחק מעון / [...] ממך ·

MS C (III *r.*)

7. 4 אל תבקש מא[.] / מ[.]שלת וכן כמלך מושב / כבוד [61]

(III *v.*) 7. 6 אל תבקש להיות / אם אין לך חיל להשבית זדון · /

7.17 מאד מאד השפל גאוה כי / תקות אנוש לרמה ·

7.20 אל תר[.] / עבד עובד אמת וכן שכיר̄ / נותן נפשו ·

7.21 עבד מש[..]ל / אהוב כנפש אל תמנע ממנו / חופש ·

7.23 בנים לך יסר / אותם ושא להם בנעוריהם · /

7.24 בנים לך נצור שאר[....]/ תאר להם פנים ·

7.25 הוצ[...] / ויצא עסק ואל ג[..] נבון זבדה ·

8. 7 אל ת[.]הלל / [62]

(IV *r.*) 18.31 שונא·

18.32 אל תשמח אל שמץ / תענוג אשר פי שנים רישו

18.33 אל תהי זולל וסובא / ומאומ[.] / אין בכיס ·

19. 1 פועל זאת / לא [.]עשיר ובוזה מעוטים / יתערער : [63]

19. 2 יין ונשים / יפחיזו לב ונפש עזה / [.]שׂחית בעליה ·

20. 5 יש / [....]שׂ ונחשב [...] / [.]ש נמאס בריב שׂ[ ] /

---

[61] For a reconstruction of the Hebrew text of 7,4 see P.C. Beentjes, 'Some Misplaced Words in the Hebrew Manuscript C. of the Book of Ben Sira', *Biblica* 67 (1986), 400.

[62] For a reconstruction of the Hebrew text of 8,7 see Beentjes, 'Some Misplaced Words ...', 401.

[63] For a reconstruction of the Hebrew text of 19,1-2 see Beentjes, 'Some Misplaced Words ...', 401.

MS C

20. 6 יש מחריש מאין מענה ויש מחריש כי ראה עת /

(IV *v.*) 20. 7 חכם יחריש עד עת / וכסיל לא ישמור עת

37.19 יש / חכם לרבים נחכם ולנפשו / הוא גואל ·

37.22 [64] יש חכם / לנפשו יחכם פרי דעתו / על גויתו ·

37.24 [65] חכם לנפשו / ישבע תענוג וכל ראיו יאשרוהו ·

37.26 חכם ע[.] / [...]ל כָּבוֹד ושמ[........] עולם ·

20.13 חכם / במעט דבר נפשו וטובת / כסילים ישפוך

20.30 [66] חכמה

(V *r.*) 25. 8 [67] אשרי שלא נפל בלשון ולו / עבד נקלה ממנו ·

אשרי / בעל אשה משכלת ולא / חורש כשור עם חמוֹר /

25.13 כל מכה ולא כ[....] / לב כל רעה ולא כרן[.....] /

25.17 רע אשה ישחיר / מראה איש ויקדיר פ[..]ן לדוב ·

25.18 בין רעים ישב בעלה / ובלא טעמו יתאנח ·

25.19 מעט / רעה כרעה אשה גורל / חוטא יפול עליה ·

25.20 [68] כמעלה / חזק לאיש ישיש אשת / לשון לאיש מך ·

25.21 אל תפול / אל יופי אשה ועל יש לה / [.]ל תמהר ·

25.22 כי בעדה / [.....] בושת אשה מכלכלת / [..] בעלה ·

---

64 For a reconstruction of the Hebrew text of 37,22 see Beentjes, 'Some Misplaced Words ...', 401.

65 For a reconstruction of the Hebrew text of 37,24 see Beentjes, 'Some Misplaced Words...', 401.

66 For the position of 20,30 see P.C. Beentjes, 'Hermeneutics in the Book of Ben Sira. Some Observations on the Hebrew Ms. C.', *Estudios Biblicos* 46 (1988), 53-54.

67 For a reconstruction of the Hebrew text of 25,8 see A. Scheiber, 'A Leaf of the Fourth Manuscript of the Ben Sira', *Magyar Könyvszemle* 98 (1982), 185; Beentjes, 'Hermeneutics ...', 58-59.

68 For a reconstruction of the Hebrew text of 25,20-21 see Scheiber, 'A Leaf of the Fourth Manuscript', 185; Beentjes, 'Hermeneutics ...', 59.

MS C

(V *v*)

25.23 רפיון ידים / [..]שלון ברכים אשה לא / תאשר את בעלה ·

25.24 מאשה / תחלת עון ובגללה גוענו / יחד ·

26.1 אשה טובה אשרי / בעלה ומספר ימיו כפלים · /

(VI *r.*) 26.2 אשת חיל תדשן לבעלה / ושנו[.....]שמ[.] /

26.3 אשה [.]ובה מנה [...] / ובחלק ירא יי תנת[.] /

26.13 [...]אשה [..]יב בעלה [....] ידשן שכלה ·

26.15 חן ע[...] / אשה ביישת ואין משקל / לצרורת פה :

26.16 שמש [.....] / במרומי מעל יפה א[..] / בדביר בחור ·

26.17 נר שרף / על מנורת קדש הוד / פנים על קומת תוכן : /

(VI *v.*) 36.22 תואר אשה מכל פנים / [..]ל [........] יגב[.] /

36.23 [...] יש ב[.] מ[.]פא לשון / [....]ישה מבני א[..] /

36.24 [...] / [.]שה ראשית קנין / [.]נ[.] עיר מבצר [.]ינה / [.]ש[.]ן העמיד ·

36.25 באין גדר / [...]ער כרם ובאין אשה /[.]ע ונד·

36.26 מי יאמין בצבא / גדוד המדלג מעיר [.....]

[.]ן איש אשר אין לו קין / המרגיע באשה יסביב·

נסה / [69]

[69] For the final word of MS C (V *v.*) see Beentjes, 'Hermeneutics ...', 56-57.

MS D

(I *r.*)

36.24 קְ[..]הֿ אשה ר[....] ק[..]ן עיר מבצר ועמֿודֿ מ[...] : /

36.25 באין גדר יב[...] כר[.] ובאין אשה נע ונד :

36.26 מי יאמין / בגדוד צבא המדלג [.]עיר אל עיר :

כן איש אשר / אין לו קן המרגיע באשר יערב :

37.1 כל אוהב אומר / אהבתי אך יש אהב שם אהב :

37.2 הלא דין מגיע / עד מות ריע כנפש נהפך לצר :

37.3 הֿוֹי רַע יֹאמַר מדוע / נוצַרְתִי לְמַלֵא פְנֵי תֵבֵל [.]רְמִית :

37.4 מרע אוהב / מביט על שחת ובעת צוקה מנוב יעמוד : /

37.5 אוהב טוב נלחם עם זר ונגד ערים יחזיק צנה : /

37.6 אל תשכח חבר בְקֶרֶב ואל תעזבהו בשללך :

37.7 כל / יועץ אומר חזה אך יש יועץ דרך עליו :

37.8 מיועץ / שמר נפשך[70] ודע לפנים מה [..]רכו

כי גם הוא / נפשו יחשב למה זה אליו יפוֹל :

37.9 ויאמר לך להביט / דרכיך וקם מנגד להביט ראשך :

37.10 אל תועץ עם / חמיך וממקנא העלים סוד :

37.11 עם אשה אל צרתה / ומלוכד על מלחמה :

---

[70] Another *shin* is written above the *shin* of נפשך.

MS D (I *r.*)

עם סוחר אל מכב {תתגרו} ומקונה / על ממכרו :

עם איש רע על גמילות חסד / ואכזרי על טוב בשר :

פועל שכיר על מ̇לאכת̇ו̇ / שכיר שנה על מוצא זרע :

37.12 (I *v.*) אך אם איש איש מפחד̇ {תמיד} / [...]ת̇[.]ע̇ שומר מצוה :

אשר̇ [..]לבבו כל[..]ך̇ / ואם יכשל יעבר בך :

37.13 וגם עצת לבב̇[.] כך כי אם / אמון ממנו

37.14 לב אנוש מגיד שעיותיו משבעה / צפים על שן :

37.15 ועם כל אלה העתר אל אֵל / אשר יכין באמת צעדך :

37.16 ראש כל מעשה מאמר / לפני כל פעל היא מחשבת :

37.17 עקר תחבולות / לבב ארבעה שרביט[.] יפריח :

37.18 טוב ורע מות / וחיים ומשלח בם כליל לשון :

37.19 יש חכם לרבים / נחכם ולנפשו הוא נואל :

37.20 ויש חכם בדברו ימאס / ומכל מאכל תענוג נבצר :

37.22 ויש חכם לנפשו נ̇חכם / ו̇פ̇ר̇י דעתו על גוי[..] :

ויש חכם לעמו יכח̇ם̇
פרי דעתו בגויתם :

37.25 חיי אנוש ימים מספר וחיי ישרון / ימי אין מספר

37.24 חכם לנפשו ישבע תענוג ויאשרוהו / כל רואיהו :

MS D (I *v.*)

גויתו מספר יש [..]מים וגוית שם ימי אין מספר

37.26 חכם עם ינחל כבוד / ושמו עומד / בחיי עולם :

37.27 בני {ב}חמר נס נפשך וראה מה רע / לה ואל תתן לה :

37.28 כי לא לכל טוב תענוג ולא לכל / נפש כל זן תבחר :

37.29 אל תזד אל תענוג ואל / תת[...] על מטעמים :

37.30 כי ברב אוכל יקנון / חולי והמזיע יגוע על זרא :

37.31 בלא מוסר רבים / גועו והנשמר יוסיף חיים :

38. 1 רעה רועה רופא לפי /

32.16 [.........]ין משפט ›: ותחבולות מנשף יוציא :
[.........]נו משפטו ›: וחכמות יוצין[..] מלבם :
32.17 [.......] יטה תוכחות ›: ויאחר צרכו למשך תורה :
32.18 [.......] חכמה ›: וליץ לא ישמר לשונו :
[.......] יקח שכל ›: זד וליץ לא יקח מצוה :
32.19 [........] תפעל דבר ›: ואחר מעשיך אל תתקפץ :
32.20 [...........] אל תלך : ואל תתקל בדרך [....]
32.21 [..........]דרך רשעים ובאחריתך היה זהיר :
33. 1 [...........]פגע רע ›: כי אם בנסוי ישוב ונמלט :
32.24 [.......]ה נוצר נפשו ›: ובוטח ביי לא יבוש :
33. 2 [.......] שונא תורה ›: ומתמוטט כמסערה אזנ[.]
33. 4 [..........]ך ואחר תעשה ›: ובית מנוח ואחר תגיתה
33. 5 [...........] לב נבל ›: ואופן חוזר מחשבותיו :
33. 6 [..........]אוהב שונא ›: תחת כל [...] יצהל :
33. 7 [........]ם יום כי כלו ›: אור ש{ו}נה [.]על שמש
33. 8 [71] [.......]מת בחכמת יי נשפטו ויש מהם מועד[..]

[71] The copyist indicated that this word should not be read by putting a bar above מת.

		MS E		
(I *r.*)				
33. 9	[....]רך והקדשו	ומהם שם לימי מספר :		
33.10	[........]לי חמר ׃	ומן עפר נוצר אדם :		
33.11	[...]ת יְיָ תבדילם	וישם אותם דרי הא[..] וישנ̄[....]	דרכיהם	
33.12	[.........] מה	[.]מהם הקדיש וא̄[.........]		
	[.........]שפי[...]	ודח̄פם ממעבד[..]ם		
33.13	[...........]יוצר	לאחוז כרצון :		
	[..........]שהו	להתיצב מפני[.] חלק :		
33.14	[......] ט̄וב̄	ונוכח חיים מות :		
(I *v.*)	[...] איש [...] ר̄שע	ונוכח האור [....]		
33.15	[...]אל כל מ[...] אל	כולם שנים שנים זה לעומת [..]		
33.16	[.....]ני אחריו שקדתי ׃	וכמו עולל אח[......]		
33.17	ב[...]ת אל גם אני קדמתי	וכבוצר מלאתי [....]		
33.18	[.]או כי לא לבדי עמלת̄י	כי לכל מבקשי [....]		
33.19	שמעו אלי שרי עם רב	ומשלי קהל ה[.....]		
33.20	בן ואשה אהב ורע	אל תמשיל בחייך		
33.21	עד עודך חי ונשמה בך	אל תשלט בך כל [...]		
	אל תתן שלך̄ לאחר ׃	לשוב לחלות א[.....]		
33.22	כי טוב לחלות̄ ב̄ניך פניך	מהביטך על ידי [....]		

33.23	בכל מעשיך היה עֲליון :	ואל תתן מום בכ[....]
33.24	בעת מספר֗ מצער ימיך :	ביום המות הנח[.....]
33.25	מספוא ושוט ומשא לחמור	ומרדות מלאכה לע[..]
33.26	העב[.] עבדך שלא יבקש [.]חת	ואם נשא ראשו יבג[....]
33.27	העב[.] עבדך שלא מרוד	כי הרבה רעה עו֗[.....]
33.28	[.......] חוטר תומכו	על עבד רע הר[.......]
33.30	אל תותר על כל אדם ›:	ובלא משפט [.........]
33.31	אחד עבדך [.]הי֗ כ[...]	כי במשף [.........]
	אחד עבדך כאח חשב[..]	[.]ל תקנא ב[......]
33.32	כי אם עניתו יצא ואבד	באיזה ד[.........]
34. 1	ריק תד[.....] תוחלת כזב	וחלומות [..........]

MS F (I *r.*)

31.24 [..........] בֿשעֿר   [.....................]
31.25 [............]ר ·   [..] רֿבֿים [.........]
31.26 [.......] מעשה לוטש ·   כן היין למצ[......]
31.27 [.......] חיים לאֿנֿוש ·   אם ישתנו [.......]
[......]ר̄ היין ·   שה[..] מראֿ[...........]
31.28 [....] לבֿ וששון יעדוי ·   יין נ[.............]
חיים למה יחסר תירוש ·   והוא לגיל [........]
31.29 כאב ראש לענה ורוש ·   יין נשתה בת[.......]
31.30 מרבה חמר לכסיל נוקש ·   מחסר כח ומספיק [...]
31.31 במשתה יין אל תוכח רֵעַ ·   ואל תוגֵהו בחדותו ·
דבר חרפה אל תאמר לו·   ואל תקמיעהו בנגשה ואל תרֿיב עמו [72] {לעיני כל אדם :}
32.1 ראש סמוך אל תותר ·   ובראש עשירים אל תסתורה והיה [73] {לך כאחד מֿהֿם}
דאג להם ואחר תסוב ·   הבו צרכם ובכן תרבץ :
32.2 למען תשמח בכבודם ·   ועל מוסר תשא שכל :
32.3 מלל שבט הוא לך ·   והצנע שכל ואֿלֿ תמנע שיר :
32.4 במקום שכל אל תשפך שיח ·   ובלא מזמור אל שיח תשפך :

[72] These words are written *above* תרֿיב עמו in a smaller script.
[73] These words are written above hyhw hrwtst in a smaller script.

MS F

(I *r.*)

32. 5 כחותם על כיס זהב · שירת אל על משתה היין :

כומז אדם על טס זהוב · משפט שיר על משתה {היין} :

32. 6 כדביר זהב בו נופך וספיר · נואי דברים על מ [74] היין֯ :

כל מלא פז וחותם ברקת · קול מזמור על נועם {תירוש:}

[75]

32. 7 [...]נער צורך אותך · פעמים ושלש אם ישאלך :

(I *v.*)

32.12 [....]ב֯יתך וש[...]צ֯ון · בין[.................]

32.13 [......]לה ברך עושך · המרוך מט[....]

32.14 [.....] חי וקוה רצון · וגם מתלהלה י[.....]

[.....]פצי [...]וצא לקח · ויענהו בכל ת[....]

32.16 [......]ין משפט · ותחבולות מנ֯שף [.....]

[....] [.]בינו משפטו · וחכמות יוציאו מל֯ב֯ב֯ם

32.17 איש חמס יטה תוכחות · ויאחר צרכו למשך {תורה} :

32.18 איש לא יכסה חכמה · ולץ לא ישמור לשונו :

איש חמס לא יקח שכל · זר ולץ לא יקח מצוה :

32.19 בלא עצה אל תפעל דבר · ואחר מעשיך אל תתקפץ :

---

[74] After the *mem* is a character that looks like the right half of a *shin.* It should probably be viewed as an abbreviation of משתה.

[75] There is a blank line in the manuscript between 32,6 and 32,7.

בדרך מוקשת אל תלך · ואל תתקל בדרך נגף : 32.20
אל תתחר בדרך רשעים · ובאחריתך היה זהיר : 32.21
ירא יְיָ לא יפגע רע · כי אם בניסוי ישוב ונמלט : 33. 1
נוצר תורה נוצר נפשו · ובוטח ביְיָ לא יבוש : 32.24
לא יחכם שונא תורה · ומתמוטט כמסערה {אזנו:} 33. 2
הכין אומר ואחר תעשה · ובית מנוח ואחר תגיה : 33. 4
גלגל קל לב נבל · ואופן חוזר מחשבותיו : 33. 5
כסוס מוכן אוהב שונא · תחת כל אוהב יצהל : 33. 6
מה על יום יום כי כלו · אור שונה על שמש : 33. 7
אבל בחכמת יְיָ נשפטו · ויש מהם מוע[...] 33. 8

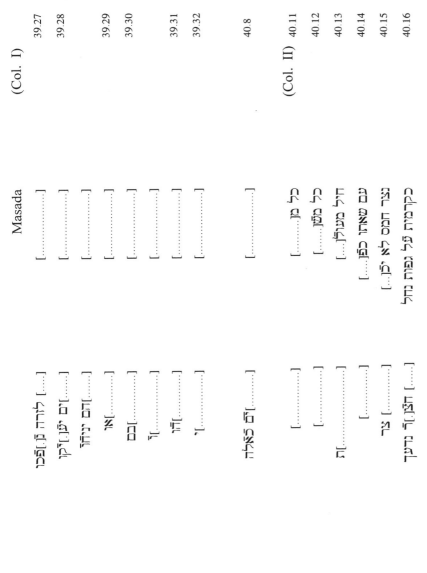

Masada

(Col. I)

39.27	[..................]	[.....] לזרה נ֯[.]פ֯כו
39.28	[..................]	[.......]ים יע֯[.]ר֯קו
	[..................]	[.......]הם יניח֯ו֯
39.29	[..................]	[...........]או
39.30	[..................]	[.............]בם
	[..................]	[................]ו֯
39.31	[..................]	[............]ה֯ו
39.32	[..................]	[...............]י
40.8	[..................]	[.........]י֯ם כ֯אלה

(Col. II)

40.11	כל מ[.........]	[................]
40.12	כל מש֯[.......]	[................]
40.13	חיל מעול֯[....]	[......................]ת
40.14	עם שאתו כפ֯[.....]	[.............]
40.15	נצר חמס לא יכ֯[...]	[............] צר
40.16	כקרמית ע֯ל גפות נחל	[......] חצ֯[.]ר֯ נדעך

		Masada	
40.17	(Col. II)	חסד כעד̄ לא תכרת	[...]קה לע̄ד ת̄כן
40.18	[76]	חיי יתר [.]כר ימתקו	[.....]ומ̄שניהם מ̄וצ̄
40.19		ילד ו[......]י̄דו שם	[........]ומשניהם מ
		[............] שאר	[..................]
40.26		[..............]	[.........] הם[....]
		[.................]	[...]ל̄ב̄קש עמה משען
40.27		[................]	ועל כל כ[...] חפתה
40.28		[................]	טוב [...]ף מ̄פני ח̄צף
40.29		[...................]	[.......]ות חיים
		[.......]מט[........]	[...]ש יוד[..]סור מעים
40.30		בפי עז [..]ש ת[.....]	[........]ו̄ כאש תבער
41. 1	[77]	הו̄[.] ל̄[.........]ך̄	[.]איש שקט על מכונתו
		[...]ש̄ל̄ו ומ[....] בכל	עוד בו כח לקבל תענוג
41. 2	(Col. III)	[..]ע למות מה טוב [...]	[.]אין אוינים וחסר עצמה

[76] In the right margin of 40,18 is a bold square, indicating the start of a new paragraph.
[77] There is a bold square in the right margin of 41,1.

איש כשל {ונוקש} בן..]   אפס המרה ואבוד תקוה
41.3 אל [.]פחד ממות [.]קך   זכר קדמון ואחרון עמך
41.4 ז[.] קץ כל [.......]   [............]עלין[..]
לעשר מאה ו[..]ף שנים   [..................]
41.5 נין נמאס ת[...]ות רעים   [................]שע
41.6 [.....]ל תאבד ממ[...]   [............] חרפה
41.7 [.....]יקב ילן[.]   [.....]ללו היו בוז
41.8 [......]אנשי ע[...]   עזבי תורת עליון
41.9 [.................]   ואם תולידו לאנחה
[......]ו לשמחת עלם   ואם תמותו לקללה
41.10 [...]אפס אל אפס ישוב   כן חנף מתהו אל תהו
41.11 [...................]ם   [...]ם חסד ללא יכרת
41.12 [.....] שם כי הוא ילוך   מאלפי [........]ה
41.13 [..]בת חי [.]ספר ימים   וטו[.......] אין מספר
41.14 [.]כמה טמונה ושימה מסותרת   מה תעלה ב{ש}תיהם
41.15 [.]וב איש מטמן[..]ולתו   מאיש [.]צפן חכמתו
[78] מוסר בשת שמעו בנים   [...]ל[.]ו על משפטי

[78] There are traces here of a bold square indicating a new paragraph.

Masada

41.16	(Col. III)	לא כל בשת נאוה לבֿוש	ולאֿ כל הכלם נבחר
41.17		בוש מאב ואם על פחז	מנשיא ושר על [...]
41.18		מאדון וגבֿרֿ[.] על קשר	מעדה ועם [.]לֿ [.]שע
		משותף ורע על מעל	ממקום תגבר [..]יד
41.19		מהפֿרֿ אלה וברית	וממטֿהֿ אציל על לחם
		ממנ[...]תת שאלה	ומהשיב את פני שארך
41.21		מ{ח}שות [79] מחל{ק}ת מנֿה	וֿמֿשאל שלום החריֿשֿ
41.22	(Col. IV)	מהביט [........]	וֿמֿהתבונן אל זרה
		מהתעשק [.....]הֿ לך	ומהתקומם על יצעיה
		מאהב אל דברי חסד	ומאחר מתת חרף
42. 1		משנות דנ[.]רֿ תשמע	ומחשף כל דבר עצה
		[....]תֿ בייש באמת	ומצא חן בעיני כל חי
		[..]על אלה אל תבוש	ואל תשא פנים וחטא
42. 2		על תורת עליון וחק	ועל משפט להצדיק רשע
42. 3		על חשבון שותף ודרך	ועל מחלקת נחלה ויש
42. 4		על שחקי מזנים ופלס	ו[.]ל תמחי איפה ואבן

[79] Under the *waw* of מחשות, an *aleph* was originally written.

על מקנה֯ בין ר֯[.] ל֯[....]   [...]מחיר ממכר תגר

42.5 [.............]ה   ועבד רע וצלע מהלכת

42.6 [..........]ת חותם   ומקום ידים רבות מפתח

42.7 [.......]פקיד מספר   ש[......]ת הכל בכתב

42.8 על מן[.....]ותה וכסיל   [.]ב֯ כ֯ושל ענה בזנות

והיית זהיר באמת   [........] ל֯פ֯נ֯י֯ כל ח֯[.]

42.9 [81] ב[80]ש֯[.] לאב מטמון ש[...]   [........]יד נומה

ב֯נ֯[.]וריה פן {ת}מאס   וב֯[..]יה פן [....]

42.10 בבתוליה פן תחל   ועל אישה֯ [..] תשט[.]

בית אב֯יה֯ פן תזריע   ובעל֯[.......]

42.11 [.....] ב֯ת֯ חז[.] משמ֯ר   [............]

דבת עיר וקהלת עם   [.............]ר֯

מקום תגור אל יהי   [..............]ב

42.12 לכל זכר אל תבן תאר   [................]

42.13 כי מבגד יצא סס   [....]ה רעת [.]ש֯ה

42.14 טוב רע איש מטיב א֯שה   ובת מפחדת מכול חרפה֯

---

[80] The *beth* is written in a larger letter.
[81] A bold square in the margin indicates a new paragraph.

Masada (Col. V)

42.15	אזכרה נא מעשי אל ✗	וזה חזיתי ואשננה	אזכרה נא מע[..] וזה חזיתי ואשננה
	באמר אדני מעשיו	ופעל רצנו לקחו	
42.16	שמש זהרת על כל נגלת[.]	[.....]בוד אדני מלא מעשיו	
42.17	לא השפיקו קדשי אל	לספר כל נפלאתיו	
	אמץ אדני [..]איו	להתחזק לפני כבודו	
42.18	תהום ולב חקר	ובמערמיהם יתבונן	
	כי ידע עליון דן..]	[.]מביט אתיות עולם	
42.19	מחוה חליפות [......]	[.]מנ[.]לה [.]קר [..]תרות	
42.20	לא נעדר מפניו שכל	ולן.] אבן.]ו כל דבר	
42.21	גבורת חכמ[.....]	אחד [.....]ולם	
	לא נאסף [.......]	[.]ל[........]ל מבין	
42.22	הלוא כל מעשיו נחמד[..]	עד ניצוץ וחזות מראה	
42.23	הכל חי וע[..] לעד	[...]ל צרך והכל נשמר	
42.24	כלם [.........] לעמת זה	ולא עשה מ[.....]	
42.25	זה על זה חלף טובם	[.]מי ישבע להביט הודם	
43. 1	תאר מרום ורקיע לטהר	עצ[.] שמים [........]	
43. 2	שמש מופי[.] בצאתו נכסה	כלי נורא מעשי [.]ליון	
43. 3	בהצהירו י[...]ח תבל	ולפני חרב מי יתכולל	

Masada

(Col. V)

43. 4	[.]וֹר [.]פֿוֹ[.] מעשי̇ מוצק	של[...]מֿש [........]
	לשון מאור ת[.]מור נושבת	[............]
43. 5	כי̇ גדול אדנ[.] עשהו	וד[...........]
43. 6	וגֿם [..]ח יאריח עתות	מ[............]
43. 7	לו מֿ[...] וממנו חג	[.............]
43. 8	[..]ש כשמו הוא מ[...]	[..............]

(Col. VI)

	כלי צבא נבלי מרום	מ[.............]
43. 9	תור שמים והוד כוכב	עד ומשריק במרֿ[.....]
43.10	בדבר אדני יעמד חק	וֹלא ישח בֿאשמרתם
43.11	ראה קשת וברך עשיה	כי מ[.]ד נהדר[......]
43.12	חוֹ[......] בכבודה	[.]יד אל נטתה בגב[...]
43.13	גערתו [....] ברד	ותנצח זיקות משפט
43.14	למענו פרע אוצר	ויעף עבים כעֿיֿט
43.15	גבורתו חזק ענן	ותגדע [..]ני ברד
43.16	קוֹל רעמו יחיל ארצו	ובכחו יניף הרים
	אמ[...] תחריף תימן	עלעול סופה וסערה
43.17	כרשף ופרח שלגו	וכארבה ישכן רדתו
43.18	תור לבנו יהג עינים	ומֿמֿטרו יתמיה לבב

Masada (Col. VI)

43.19	[......]ר כמלח ישפך	ויצמח כסנה צצים
43.20	[.........]פֿוֿן ישֿיבֿ	וכרגב יקפיא מקור
	[......]מד {מים} יקרֿ[..]	[.............]
43.21	[.......]ם {חֿרֿבֿ} יש[..]	[.............]
43.22	[..................]	[................]
43.23	[..................]	[..........] אֿיים
43.24	[.................]	[.]שמע אזנינו נשמת{ם}
43.25	[..................]	[..........]גֿבוֿרֿתֿ רֿהֿבֿ

(Col. VII)

44. 1	[..........] חסד	את אבן[...........]
44. 2	רב כבוד חלֿק עליון	וגדלה מי[.......]
44. 3	ויעצים בתבונתם	וחזי כל בנב[....]
44. 4	שרי גוי [.]מזמֿ[..]	ורזֿנים במחקקֿ[..]
	חכמי שיח בספרתם	ומשלים בן[......]
44. 5	חקֿרי מזמור על קו	ונשאי מש[.....]
44. 6	אנשי חיל וסמכי כח	ושקֿ[..........]

	Masada		(Col. VII)
[............]	כל אלה בדרם נכבדו		44. 7
לה[..........]	יש מהם הניחו ש֯ם֯		44. 8
[.............]	ויש מהם שאין לו זכר		44. 9
ו֯ן֯[...........]	כאשר לא היו היו		
ו֯ן֯[..........]	אולם אלה אנשי חסד		44.10
ונח[...........]	אם זרעם נאמן טובם		44.11
וצאצאיה֯ם֯ [......]	בבריתם עמד זרעם		44.12
וכבודם לא ימ[..]	ע֯ד֯ עולם יעמד זרעם		44.13
[.]שמם חי לדור ודו֯ר֯	ו֯ג֯ו֯[...]ם֯ בשלום נאספה		44.14
ותהלתם יספר קהל	[........] עדה		44.15
ב֯[............]	נוח צדי֯ק֯ נ֯מצא תמים		44.17
[.............]	ב֯[............]		

[............] תֽ[..............] [82] 6.13

[.........]ה אֽיֽן [..................] 6.14

[...........................]ב 6.20

[..............................] 6.21

[...............................]כה 6.22

[........................]ה 6.26

[..........................]פה 6.27

[..........................]ענג 6.28

[.......................] בגדי כתם 6.29

[........................]לת 6.30

[.................]ת תפארת תעטרנה 6.31

[82] The fragmentary text of 6,13-14 could possibly match 1,19-20.

11QPs[a] (Col. XXI,11-17)

51.13 אני נער בטרם תעיתי ובקשתיה
51.14 באה לי בתרה ועד / סופה אדורשנה
51.15 גם גרע נץ בבשול ענבים ישמחו לב /
דרכי רגלי במישור כי מנעורי ידעתיה
51.16 הטיתי כמעט / אוזני והרבה מצאתי לקח
51.17 ועלה היתה לי למלמדי אתן / הודי
51.18 זמותי ואשחקה קנאתי בטוב ולא אשוב
51.19 חריתי / נפשי בה ופני לוא השיבותי
51.20 טרתי נפשי בה וברומיה לוא / אשלה ידי פת[.......]
[..]ערמיה אתבונן כפי הברותי אל /

51.30 (Col. XXII,1) [..........] שכרכם בעתו

PART II

SYNOPSIS OF ALL PARALLEL HEBREW BEN SIRA TEXTS

There are about 270 verse lines (or parts of them) preserved in more than one Hebrew Ben Sira manuscript. They can be assembled into several clusters, some of which (e.g. Sir. 6,19; 6,28; 7,21; 41,16; 51,30) consist of a single line, whereas others contain more than 30 (e.g. Sir. 36,22-38,1) or even 75 lines (e.g. Sir. 40,26-43,25).

As explained in the Introduction, a synoptic arrangement requires special interventions.

- Sometimes the order has to be altered from that of the Hebrew manuscripts. If so, such verses are marked with an *asterisk* (*). Precise information about such verses can be found in Part I.

- A vertical line from one verse to another indicates that these verse follow one another in the Hebrew Ben Sira manuscript, but that they had to be separated for editorial reasons relating to the synopsis of all available manuscripts.

3.14 צדקת אב אל תשכח
ותחת / ענותו תתנצ[.]
3.15 ביום יזכר לך /
וכחורב על קרח נמס חטאתיך :
3.16 כמגדף העוזב אביו
וזועם / אל יסחוב אמו ·
3.17 בני את כל / מלאכתיך בענות הלוך
ומאיש / מתן תאהב ·
3.18 בני גדול אתה / כן תשפיל נפשך
ובעיני אלהים / תמצא חן ·

3.21 פלאות ממך / אל תחקור
ורעים ממך אל / [..]רוש :
3.22 באשר הורשיתה / התבונן
ועסק אל יהי לך בנסתרות · /

MS A

3.14 צדקת אב לא תמחה
ותמור חטאת היא / תנתע :
3.15 ביום צרה תזכר לך
כחס על כפור להשבית עוניך :
3.16 כי / מזיד בוזה אביו
ומכעיס בוראו מקלל אמו :
3.17 בני בעשרך / התהלך בענוה
ותאהב מנותן מתנות :
3.18 מעט נפשך מכל / גדולת עולם
ולפני אֵל תמצא רחמים :
3.20 כי רבים רחמי אלהים /
ולענוים יגלה סודו :
3.21 פלאות ממך אל תדרוש
ומכוסה / ממך אל תחקור :
3.22 במה שהורשית התבונן
ואין לך עסק / בנסתרות :

MS C

4.21 יש / בשת משאת עון
ויש בשת / חן וכבוד ·
4.22 אל תשא פנים לנפשיך /
ואל תבוש למכשול לך ·
4.23 אל תמנע דבר בעיתו
ואל / תקפוץ את חכמתך ·

4.30 אל תהי / כאריה בביתך
ומתפחז בעבודתך · /
4.31 אל תהי ידך מושטת לשאת /
ובעת השב קפודה ·

MS A

4.21 כי יש בֹּשֶאת / משאת עון
ויש בשת כבוד וחן :
4.22 אל תשא פניך על נפשך /
ואל תכשל למכשוליך :
4.23 אל תמנע דבר בעולם
אל תצפין / את חכמתך :

4.30 אל תהי ככלב בביתך
ומוזר ומתירא / במלאכתך :
4.31 אל תהי ידך פתוחה לקחת
וקפוצה בתוך מתן : /

MS C

5. 4 אל / תאמר חטאתי ומה יהיה לו /
כי ייי ארך אפים הוא :

5. 5 אל / סליחה אל תבטח
להוסיף עון / על עון ·
5. 6 ואמרת / רבים רחמיו
לרוב עוונותי יסלח · /
כי רחמים ואף עמו
ועל רשעים יניח רגזו ·
5. 7 אל תאחר לשוב / אליו
ואל תתעבר מיום ליום · /
כי פתאום יצא זעמו
ובעת נקם / תספה ·

5. 9 אל תהי זורה לכל / רוח
ואל תלך לכל שביל ·

MS A

5. 4 אל תאמר חטאתי ומה יעשה לי מאומה
כי אל ארך אפים הוא :
אל תאמר רחום יי וכל עונותי ימחה :
5. 5 אל סליחה אל תבטח /
להוסיף עון על עון :
5. 6 ואמרת רחמיו רבים
לרוב עונותי יסלח : /
כי רחמים ואף ע[.]ו
ואל רשעים ינוח רגזו :
5. 7 אל תאחר לשוב / אליו
ואל תתעבר מיום אל יום :
כי פתאום יצא זעמו
וביום נקם / תספה :
5. 8 אל תבטח על נכסי שקר
כי לא יועילו ביום עברה : /
5. 9 אל תהיה זורה לכל רוח
ופונה דרך שבולת :

MS C

5.10 היה סמוך על דברך
ואחר / יהיה דבריך ·
5.11 היה נכון / בשמועה טובה
ובארך / ענה תענה נכונה ·
5.12 אם / יש אתך ענה ריעיך
ואם / אין שים ידך על פיך ·
5.13 כבוד / וקלון ביד בוטה
ולשון אדם מפליטו ·

MS A

5.10 היה סמוך על דעתך /
ואחר יהי דברך :
5.11 היה ממהר להאזין
ובארך רוח השב פתגם : /
5.12 אם יש אתך ענה רעך
ואם אין ידך על פיך :
5.13 כבוד וקלון / ביוד בוטא
ולשון אדם מפלתו :

MS A	MS C	2Q18 [1]
6.13 אוהב אמונה אוהב תקוץ		6.13 [............] תן[...]
ומוצאו מצא / הון :		[............]
6.14 לאוהב אמונה אין מחיר		6.14 [........]ה אין [....]
ואין משקל לטובתו :		[.............]
6.19 כחורש וכקוצר קרב אליה	6.19 כחורש וכקוצר / קרב אליה	
וקוה לרב / תבואתה :	וקוה לרוב תבואתה /	
כי בעבודתה מעט תעבוד	כי בעבודתה מעט תעבוד · /	
ולמחר תאכל פריה :	ולמחר תאכל פריה·	
6.20 עקובה היא לאויל		6.20 [............]
ולא יכלכלנה חסר לב :		[.............]ב
6.21 כאבן משא/ תהיה עליו		
ולא יאחר להשליכה :		
6.22 כי המוסר כמשה כן / הוא		6.22 [..............]
ולא לרבים היא נְכוֹחָה		[..............]כה

[1] This Qumran fragment could also be identified as Sir. 1,19-20. See *DJD* 3, 75-77.

MS A	MS C	2Q18
6.26 הט שכמך ושאה		6.26 [.........]
[2] ואל תקץ בתחבולתיה : /		ה[............]
6.27 דרש וחקר בקש ומצא		6.27 [............]
והחזקתה ואל תרפה :		פה[..........]
6.28 כי לאחור / תמצא מנוחתה	6.28 כי / לאחור תמצא מנוחתה /	6.28 [..............]
ונהפך לך לתענוג :	ותהפך לך לתענוג ·	ענג[.......]
6.29 והיתה לך רשתה / מכון עז		6.29 [..............]
וחבלתה בגדי כתם :		[.....] בגדי כתם
6.30 עלי זהב עולה		6.30 [........]
ומוסרתיה / פתיל תכלת : /		לת[............]
6.31 בגדי כבוד תלבשנה		6.31 [............]
ועטרת תפארת תעטרנה :		[....]ת תפארת תעטרנה
6.35 כל שיחה חפוץ לשמע	6.35 כל שיחה / חפוץ לשמוע	
ומשל / בינה אל יצאך :	ומשל בינה א[.] יצאך ·	

[2] The text of 27,5-6 is placed between 6,22 and 6,26 in MS A .

MS A		MS C	
7. 1	אל תעש לך רעה /	7. 1	אל תעש רע /
	ואל ישיגך רעה		[...] יֹשיגך רע
7. 2	הרחק מעון ויט ממך :	7. 2	רחק מעון [...] מֹמך ·
7. 3	אל תדע חדושי על / אח		
	פן תקצרהו שבעתים :		
7. 4	אל תבקש מאל ממשלת	7. 4	אל תבקש מא[.] / מן[.]שלת
	וכן ממלך / מושב כבוד		וכן כמלך מושב / כבוד[3]
7. 5	אל תצטדק לפני מלך		
	ופני מלך אל תתבונן : /		
7. 6	אל תבקש להיות מושל	7. 6	אל תבקש להיות /
	אם אין לך חיל להשבית זדון : /		אם אין לך חיל להשבית זדון · /
7.17	מאד מאד השפיל גאוה	7.17	מאד מאד השפל גאוה
	כי תקות / אנוש רמה :		כי / תקות אנוש לרמה ·

[3] For a reconstruction of the final words of colon *a* and colon *b*, see P.C. Beentjes, 'Some Misplaced Words in the Hebrew Manuscript C of the Book of Ben Sira', *Biblica* 67 (1986), 400.

MS A

7.17 אל תאיץ לאמר לפרץ
גל אל אל ורצה דרכו :
7.20 אל תדע / באמת עובד אמת
וכן שוכר נותן נפשו :
7.21 עבד משכיל / חבב כנפש
[.]ל תמנע ממנו חפש :
7.22 בהמה לך ראה עיניך /
ואם אמנה היא העמידה :
7.23 בנים לך יסיר אותם
ושָׂא / לָהֶם נשים בנעוריהם :
7.24 בנות לך נצור שארם
ואל תאיר / אלהם פנים :
7.25 הוצא בת ויצא עסק
ואל נבון גבר חברה : /

8. 7 אל תתהלל על גֹוע
זכר כלנו נאסֹפים :

MS C

7.20 אל תר[.] / עבד עובד אמת
וכן שכיר̄ / נותן נפשו ·
7.21 עבד מש[..]ל / אהוב כנפש
אל תמנע ממנו / חופש ·

7.23 בנים לך יסר / אותם
ושא להם בנעוריהם · /
7.24 בנים לך נצור שאר[.]
[...]/ תאר להם פנים ·
7.25 הוצי[...] / ויצא עסק
ואל ג[..] נבון זבדה ·

8.7 אל ת[.]הלל / [5]

Ms. B

7.21 עבד משכיל חביב כנפש
[..................] [4]

[4] This bicolon is actually to be found in MS B as part of Sir. 10,25.
[5] For a the reconstruction of Sir. 8,7 see P.C. Beentjes, 'Some Misplaced Words ...', 401.

MS B

10.19 זרע נקלה מה זרע לאנוש
זרע נקלה עובר מצוה :
10.20 בין אחים ראשם נכבד
וירא אלהים נכבד ממנו :
10.22 גר זר נכרי ורש
תפארתם יראת ייי :
10.23 אין לבזות דל משכיל
ואין לכבד כל איש חמס :
10.24 שר שופט ומושל נכבדו
[................]
10.25 עבד משכיל חביב כנפש
[................]
(7.21) עבד משכיל חביב כנפש
[................]
עבד משכיל הורים יעבדותו
וג[................]

MS A

10.19 זרע נכבד מה זרע לאנוש
זרע נקלה / עובר מצוה :
10.20 בין אחים ראשם נכבד
וירא אלהים בעֿ[..] /
10.22 גר וזר נכרי ורש
תפארתם [...]ת אלהים ·
10.23 אין לבזות דל מ[...]ל /
ואין לכבד [.]ל איש [..]רֿם :
10.24 [....] מושל ושופט נכבֿדו
[...]ן / גדול מֿ[.]רא אלהים :
10.25 עבד משכיל הורם ועבֿד
[..]ם [.]א / יתאונן :

MS B

עבד משכיל חביב כנפש

וגבר מ[..........]

10.26 אל תתחכם לעשות חפצך

ואל תתכ[.......]

10.27 טוב עובד ויותר הון

ממתכב[........]

10.28 בני בענוה כבד נפשך

ותן לה טעם כ[......]

10.29 בני מרשיע נפשו מי יצדיקנו

ומי יכבד [........]

10.30 דל נכבד בגלל שכלו

ויש איש עשיר נכבד [....]

10.31 הנכבד בעיניו בעשרו איככה

ונקלה בעשרו בעיניו איככה :

המתכבד בדלותו בעשרו מתכבד יתר

והנקלה בעשרו בדלותו נקלה יתר :

11. 1 חכמת דל תשא ראשו

[..........]שיבנו :

MS A

10.26 אַל תתכחם לעבד חפצך

ואל תכב[......] / צרכך :

10.27 טוב עובד ויותר הון

מ[..]כבד [..]ס[.] מתן : /

10.28 בני בענוה כבד נפשך

ויתן לך ט[..] כיוצא ב[.] : /

10.29 מרשיע נפשו מי יצדיקנו

ומי יכבד מקלה נפשו : /

10.30 יש דל נכבד בגלל שכלו

ויש נכבד בגלל עשרו :

10.31 נכבד בעשרו איככה

ונקלה בעניו איככה :

[..]תכבד / בדלותו בעשרו מתכבד יתר

והנקלה בעשרו בדלותו / נקלה יותר :

11. 1 חכמת דל תשא ראשו

ובין נדיבים תשיבנו : /

MS B

11.2 אל תהלל אדם בתארו
ואל תתעב אדם מעזב ב[.....]
11.3 קטנה בעוף דבורה
וראש תנובות פריה :
אליל בעוף דבורה
וראש תנובות פריה :
11.4 במעוטף בגדים אל תתפאר
ואל תקלס במרירי יום
בעוטה אזור אל תהתל
ואל תקלס במרירי יום :
[............]י
ונעלם מאנוש פעלו :
11.5 [............] על כסא
ובל על לב עטו צניף :
[............]כסא
ושפלי לב יעטו צניף
11.6 [..............]
ונכבדים נתנו ביד זעירים :

MS A

11.2 אל תהלל אדם בתארו
ואל תתעב אדם מכ[...] במראהו : /

11.3 אליל בעוף דברה
וראש תנובות פריה :

11.4 בעטה א[.]ר אל / תהתל
ואל תקלס במרירי יום :
כי פלאות מעשי ײ
ונעלם / מ[...] פעלו :
11.5 רבים נדכאים ישבו על כסא
ובל על / לב עטו צניף :

11.6 רַבִים נִשַּׂאִים נִקְלוּ מְאֹד
וְהָשְׁפָּלוּ יַחַד / וְגַם נִכְבַּדִים נִתְּנוּ בְיָד :

MS B

11.6b [..........]לו מאד והושפלו יחד
ונכבדים נתנו ביד :
[..........]אול
ובקהל טעם שפוט :
[.............] אל תשיב
ובתוך שיחה אל תדבר :
11.7 [......]קון.] אל תסלף
בקר לפנים ואחר תזיף :
11.8 [.....] תשיב דבר בטרם תשמע
ובתוך שיחה אל תדבר :
11.9 [...]ן עצה אל תתור
ובריב זדים אל תקומם :
אם תברח לא תדביק
ול[..]מלטמו אם תנוס :
11.10 בני למה ת[....]ו שׂ[..]
ואץ להרבות לוא ינקה :
בני אם לא תרוץ לא ת[...]
[.]אם לא תבקש לא [.]מ[..]

MS A

11.7 בְּטֶרֶם תַּחְקֹ[..] אַל־תְּסַלֵּף
בַּקֵּר / לְפָנִים וְאַחַר תַּזִּיף :
11.8 בְּנִי אַל־תָּשִׁיב דָּבָר טֶרֶם תִּשְׁמַע /
וּבְתוֹךְ שִׂיחָה אַל־תְּדַבֵּר :
11.9 באין עצבה אל תאר
וברב זדים / אל תקומם :

11.10 בני למה תרבה עשקך
ואץ להרבות לא ינקה : /
בני אם לא תרוץ לא תגיע
ואם לא תבקש לא תמצא : /

MS A

15. 1 כי ירא ײ יעשה זאת
ותופש תורה ידריכנה :
15. 2 וקדמתהו / כאם
וכאשת נעורים תקבלנו :
15. 3 והאכילתהו לחם שׂכל
ומי / [6]תבואה תשקנו :
15. 4 ונשען עליה ולא ימוט
ובה יבטח ולא / יבוש :
15. 5 ורוממתהו מרעהו
ובתוך קהל תפתח פיו :
15. 6 ששון / ושמחה ימצא
ושם עולם תורישנו :
15. 7 לא ידריכוה מתי / שוא
ואנשי זדון לא יראוה :
15. 8 רחוקה היא מלצים
ואנשי / כזב לא יזכרוה :

MS B

15. 1 כי ירא ייי יעשה זאת
ותופש תורה י[.....]ה :
15. 2 וקדמתהו כאם
וכאשת נעורים ת[..]לנו :
15. 3 והאכילתהו לחם שכל
ומי תבונה תשקנו :
15. 4 ונשען עליה ולא ימוט
ובה יב[...]ל[.....]
15. 5 ורוממתהו מרעהו
ובתוך [.........]
15. 6 ששון ושמחה תמצא
וש[...........]
15. 7 לא ידריכוה מתי שוא
ואנש[...........]
15. 8 רחוקה היא מלצים
ואנש[...........]

[6] The verbal form תבונה is written in the right margin.

15. 9 לא נאוה תהלה בפי רשע
[........] לא [
15.10 כי בחכם תחלל תהלה וה...
[........] ומ?ל
15.11 אל תאמר מאל פשעי כי
[....] את אשר שנא לא עשה
אל תאמר הוא התקילני
15.12 פן תאמר אין צורך ביד
כי חפץ ... יש לך :
15.13 רע ותועבה שנא ייי
: ולא יגלה ל[...]יו
15.14 הוא מראש ברא אדם
: ו[............]הו

15.15 אם תחפץ תשמר מצוה
ואמונה לעשות רצונו :

15. 9 לא נאוה תהלה בפי רשע
: כי לא מאל חלקה לו
15.10 כי בחכמה תאמר תהלה
ומושל בה ילמדנה /
15.11 אל תאמר מאל פשעי
: כי את אשר שנא לא עשה
15.12 פן תאמר הוא התקילני
: כי אין צורך באנשי חמס
15.13 רע ותועבה שנא ייי / ולא
יגנה ל?יראיו :
15.14 הוא מראש ברא אדם
וישיתהו ביד ??? / וישלטהו
15.15 אם תחפץ תשמר מצוה /
ואמונה לעשות רצונו :
: והנ?ה חשקת ת?צרכה

---

7 This verse is written *above* the text of 15,10 in a *smaller* script.
8 This word is written in the right margin.

142

	MS A	MS B
	אל תאמין / בו	
	גם אתה תחיה	[..............................]יה :
15.16	מוצק לפניך אש ומים	[.]וצק לפ֯ניך מים ואש
	באשר תחפץ שלח / ידיך ·	באשר תחפץ תשלח י[...]
15.17	לפני אדם חיים ומות	לפני אדם חיים ומות
	אשר יחפץ ינתן לו :	וכל שיחפץ יתן לו :
		כי ל[...] חכמת ייי
		אל בגבורה ומביט לכל:
15.18	ספקה / חכמת ײ	ספקה חכמת ייי
	אמיץ גבורות וחוזה כלם̄	אמיץ גבורות וחוזה כל :
15.19	עיני אל יראו מעשיו /	[.........] מעשיו
	והו יכיר עַ֯ל כל מפעל איש :	והוא יכיר כל מפעל אנוש :
15.20	לא צוה אנוש לחטא	[........] לחטא
	ולא החלים / אנשי כזב :	ולא למד שקרים לאנשי כזב :
		[...........] כזב
	ולא מרחם על עושה שוא	ולא מרחם על עושה שוא
	ועל מגלה סוד :	ועל מגלה סוד :

MS A	MS B
16. 1 אל / תתאוה תואר נערי שוא	16. 1 [..............] שוא
ואל תשמח בבני עולה :	ואל תשמח על בני עולה :
16. 2 וגם אם פרו אל / תבעבם	16. 2 [.........] תֿשמח בם
אם אין אתם יראת יְיָ :	כי אין אתם יראת ייי :
16. 3 אל תאמין בחייהם	16. 3 [........]הם
ואל תבטח / בעקבותם :	ואל תבטח בחיליהם :
	[.......]קבותם
כי לא תֿהיה להם אחרית טובה	[..] לא תהיה להם אחרית טובה :
כי טוב אחד / עושה רצון מאלף	[......]חד עושה רצון אל מאלף
[9] [..]לה / ומאחרית זדון :	ומות ערירי מאחרית זדון
ומות ערירי ממי שהיו לו בנים רבים	[..]ב מות ערירי ממי שיהיו לו בנים רבים
	בני עולה ומאחרית זד
16. 4 מאחד ערירי ירא יְיָ תשב עיר	16. 4 מאחד ערירי ירא ייי תש[..]יר
וממשפחת / בגדים תחרב :	וממשפחות בוגדים תחֿרֿבֿ :
	מאחד נ[....]ש[....]
	וממשפחת בוגדים תחרב :

[9] This colon has been transposed for synoptic reasons. It is actually the final colon of 16,3 in MS A.

MS A

רבות כאלה ראתה עיני 16. 5
ועצֱמוֹת כאלה שמעה / אזני :
בעדת רשעים יוקדת אש 16. 6
ובגוי חנף נצתה חמה : /
אשר לא נשא לנסיכי קדם 16. 7
המורים עולם בגבורתם :

MS B

רבֿות [.........]נ[.] 16. 5
ועצומות בֿאֿלה שמעה אזני :
בעדת רשעֿיֿם [.]ש[..] להבה 16. 6
ובגוי [.]נף [..]תֿה [...] :
אשר לא נשא לנסיכי קדם 16. 7
המורדים [....]רתם ·

MS F

31.24 [..........] בֿשעֿר

[...........]

31.25 [............]ר ·

[..] רֿבֿים [.........]

31.26 [.......] מעשה לוטש ·

כן היין למצ[......]

31.27 [.......] חיים לאֿנֿוֿש ·

אם ישתנו [.......]

[......]רֿ היין ·

שה[..] מרֿאֿ[..........]

31.28 [....] לבֿ וששון יעדוי ·

יין נ[..........]

חיים למה יחסר תירוש ·

והוא לגיל [.......]

MS B

31.24 רע על לחם ירגז בשער

דעת רועו נאמנה :

31.25 וגם על היין אל תתגבר

כי רבים הכשיל תירוש :

31.26 כור בו חן מעשה לוטש

כן היין למצות לצים :

נבון בוחן מעשה מעשה

כן שכר לריב לצים :

31.27 למי היין חיים לאנוש

אם ישתנו במת[..]תו

מה ח[........]ין

[...]א [.]ראש[..] ל[...] נֿוצר :

31.28 שמחת לב וששון ועדוי

יין נשתה [..]תו וראי :

חיי מה להסר תירוש

והוא לגיל נחלק מראש :

MS F

31.29 כאב ראש לענה ורוש ·
ייז נשתה בת[.......]
31.30 מרבה חמר לכסיל נוקש ·
מחסר כח ומספיק [...]
31.31 במשתה יין אל תוכח רֵעַ ·
ואל תוגֵהו בחדותו ·
דבר חרפה אל תאמר לו ·
ואל תקמיעהו בנגשה
ואל תרׂיב עמו לעיני כל אדם :

32. 1 ראש סמוך אל תותר ·
ובראש עשירים אל תסתורה
והיה לך אחד מהם :
דאג להם ואחר תסוב ·
הבו צרכם ובכן תרביץ :
32. 2 למען תשמח בכבודם ·
ועל מוסר תשא שכל :

MS B

31.29 כאב ראש לענה וקלון
יין נשתה בתחרה וכעס :
31.30 [..]בה ח̇מר לכ̇ס̇יל [..]קש
מח̇[.]ר כח ומספק פצע :
31.31 במשתה היין [.]ל [.....]ע
[..]ל [...... ......]
דבר חרפה אל [......]

[...............] [10][.]מו לעיני בני אדם

32. 1 [..............]
[.............]
היה לך להם כאחד מהם :
דאג להם ואחר תסוב
הכין צרכם ואחר תרביץ :
32. 2 למען תשמח בכבודם
ועל מוסר תשא שכל :

[10] This colon is in the left margin of MS B.

MS F

32. 3 מלל שבט הוא לך ·
והצנע שכל ואֹל תמנע שיר :
32. 4 במקום שכל אל תשפך שיח ·
ובלא מזמור אל שיח תשפך :
32. 5 כחותם על כיס זהב ·
שירת אל על משתה היין :
כומז אדם על טס זהוב ·
משפט שיר על משתה היין :
32. 6 כדביר זהב בו נופך וספיר ·
נואי דברים על מ[11] היין :
כל מלא פז וחותם ברקת ·
קול מזמור על נועם תירוש :
32. 7 [...]נער צורך אותך ·
פעמים ושלש אם ישאלך :

MS B

32. 3 מלל שב כי הוא לך
והצנע שכל ואל תמנע שיר :
32. 4 במקום היין אל תשפך שיח
ובלא מזמר מה תשפך שיח ובל עת מה תתחכם :
32. 5 כחותם על כיס זהב
שיר אל על משתה היין :
כומז אודם על ניב זהב
משפט שיר על משתה היין :
32. 6 כרביד זהב ובו נפך וספיו
כך נאים דברים יפים על משתה היין :
מלואות פז וחותם ברקת
קול מזמור על נועם תירוש :
32. 7 דבר נער אם צריך אתה
בחזק פעמים ושלש אם ישאלך :

[11] After the *mem* is a character that might be an abbreviated *shin*.

MS B	MS E	MS F
32.12 [...] לן[...]ך ושלם רצון		32.12 [....]ביתך ושן[...]צון ·
ביראת אל ולא בחסר כל :		בין[.............]
32.13 [..]ל [.]ל [.]לה ברך עושך		32.13 [......]לה ברך עושך ·
המרוך מטובתו :		המרוך מטן[....]
32.14 דו[...]ל [.]קן.. .]רצון		32.14 [.....] חי וקוה רצון ·
ומתלהלה יוקש בו		וגם מתלהלה ין[.....]
דורש אל יקח מוסר		
ומשחרהו ישיג מענה :		
דורש חפצי אל יקח לקח		[.....]פצי [...]וצא לקח ·
ויענהו בתפלתו :		ויענהו בכל תן[....]
32.15 דורש תורה יפיקנה		
ומתלהלה יוקש בה :		
32.16 ירא ייי יבין משפט	32.16 [.........]ין משפט :‹	32.16 [......]ין משפט ·
ותחבולות מנשף יוציא :	ותחבולות מנשף יוציא :	ותחבולות מנשף [.....]
יראי ייי יבינו משפטו	[.........]נו משפטו :‹	[....] [..] [.]בינו משפטו ·
וכחמות רבות יוציאו מלבם :	וחכמות יוצי[..] מלבם :	וחכמות יוציאו מלבם

MS B	MS E	MS F
32.17 איש חכם יטה תוכחות	32.17 [.......] יטה תוכחות :‹	32.17 איש חמס יטה תוכחות ·
ואחר צרכו ימשך תורה :	ויאחר צרכו למשך תורה :	ויאחר צרכו למשך תורה :
32.18 איש חכם לא יכסה כחמה	32.18 [.......] חכמה :‹	32.18 איש לא יכסה חכמה ·
ולץ לא ישמר לשונו :	ולץ לא ישמר לשונו :	ולץ לא ישמור לשונו :
איש חכם לא יקח שחד	[.......] יקח שכל :	איש חמס לא יקח שכל ·
זר ולץ לא ישמר תורה :	זד ולץ לא יקח מצוה :	זר ולץ לא יקח מצוה :
32.19 בלא עצה אל תפעל דבר	32.19 [........] תפעל דבר :‹	32.19 בלא עצה אל תפעל דבר ·
ואחר מעשיך אל תתקצף :	ואחר מעשיך אל תתקפץ :	ואחר מעשיך אל תתקפץ :
32.20 בדרך מוקשת אל תלך	32.20 [...........] אל תלך	32.20 בדרך מוקשת אל תלך ·
ואל תתקל בנגף פעמים :	ואל תתקל בדרך [....]	ואל תתקל בדרך נגף :
32.21 אל תבטח בדרך מחתף		
ובאחריתך השמר :		
אל תבטח בדרך רשעים	32.21 [.........]דרך רשעים	32.21 אל תתחר בדרך רשעים ·
ובארחתיך הזהר :	ובאחריתך היה זהיר :	ובאחריתך היה זהיר :
32.22 בכל דרכיך שמור נפשך		
כי כל עושה אלה שומר מצוה :		
32.23 בכל מעשיך שמור נפשך		
כי עושה זה שומר מצוה :		

MS B	MS E	MS F
32.24 נוצר תורה שומר נפשו	32.24* [.......]ה נוצר נפשו ‹:	32.24* נוצר תורה נוצר נפשו ·
ובוטח בייי לא יבוש :	ובוטח בְיָ לא יבוש :	ובוטח ביי לא יבוש :
33. 1 ירא ייי לא יפגע רע	33. 1* [..........]פגע רע ‹:	33. 1* ירא יְיָ לא יפגע רע ·
כי אם בניסוי [.. ..]לן.]	כי אם בנסוי ישוב ונמלט :	כי אם בניסוי ישוב ונמלט :
33. 2 לא יחכם שונא תורה	33. 2 [.......] שׂונא תורה :	33. 2 לא יחכם שונא תורה ·
ומתמוטט כמס[.......]	ומתמוטט כמסערה אזנ[.]	ומתמוטט כמסערה אזנו :
33. 3 איש נבון יבין דבר		
ותורתו ט[..]קן[......]		
	33. 4 [.........]ך ואחר תעשה :	33. 4 הכין אומר ואחר תעשה ·
	ובית מנוח ואחר תגיתה	ובית מנוח ואחר תגיה :
	33. 5 [...........] לב נבל ‹:	33. 5 גלגל קל לב נבל ·
	ואופן חוזר מחשבותיו :	ואופן חוזר מחשבותיו :
	33. 6 [.........]אוהב שונא :	33. 6 כסוס מוכן אוהב שונא ·
	תחת כל [...] יצהל :	תחת כל אוהב יצהל :
	33. 7 [.......]ם יום כי כלו ‹:	33. 7 מה על יום יום כי כלו ·
	אור שונה [.]על שׂמש	אור שונה על שמש :
	33. 8 [.......]מה[12] בחכמת יי נשפטו	33. 8 אבל בחכמת יְיָ נשפטו ·
	ויש מהם מועד[..]	ויש מהם מוע[...]

[12] By putting a bar above מה, the copyist of MS E indicates that he considered these characters were *not* part of the Hebrew text.

Ms. B	MS C	MS D
36.19 חיך בוחן מטעמי דבר	36.19 חיך יטעם מטעמי זבד /	
ולב מבין מטעמי כזב :		
36.22 תואר אשה והליל פנים	36.22 תואר אשה מכל פנים /	
ועל כל מחמד עין יגבר :	[..]ל֯ [.........] יגב֯[.] /	
36.23 ועד אם יש בה מרפא לשון	36.23 [...] יש ב[.] מ[.]פא לשון /	
אין אִשָׁהּ מבני אדם :	[....]ישה מבני א[..] /	
36.24 קנה אשה ראשית קנין	36.24 [...] / [.]שה֯ ראשי֯ת קנין /	36.24 ק֯[..]ה֯ אשה ר[....] ק[..]ן
עזר ומבצר ועמוד משען :	[....]עיר מבצר [ ]ינה/[ ]ש[.]ן העמיד ·	עיר מבצר ועמ֯ו֯ד֯ מ[...] : /
36.25 באין גדיר יבוער כרם	36.25 באין גדר / [...]ע֯ר כרם	36.25 באין גדר יב[...] כר[.]
ובאין אשה נע ונד :	ובאין אשה /[.]ע֯ ונד ·	ובאין אשה נע ונד :
36.26 מי יאמין גדוד צבא	36.26 מי יאמין בצ֯בא / ג֯דוד	36.26 מי יאמין / בגדור צבא
המדלג מעיר אל עיר :	המדלג מעיר [.....]	המדלג [.]עיר אל עיר :
כן איש אשר לא קן	[.]ן איש אשר אין לו קין /	כן איש אשר / אין לו קן
המרגיע באשר יערב :	המרגיע באשה יסביב·	המרגיע באשר יערב :

MS B	MS D
37. 1 כל אומר אמר אהבתי	37. 1 כל אוהב אומר / אהבתי
	אך יש אהב שם אהב :
37. 2 הלא דין מגיע על מות	37. 2 הלא דין מגיע / עד מות
רע כנפשך נהפך לצר :	ריע כנפש נהפך לצר :
37. 3 הן[.]ו רע שאֹמר מדוע כן נוצרתי	37. 3 הוי רַע יֹאמַר מדוע / נוצָרְתִי
למלא פֿני תבֿל תרמית :	לְמַלֵּא פְּנֵי תֵבֵל [.]רְמִית :
37. 4 מרע אוהב מביט אל שלחן	37. 4 מרע אוהב / מביט על שחת
בעת צוקה מנגד יעמד :	ובעת צוקה מנוב יעמוד : /
37. 5 אוהב טוב נלחם עם זר	37. 5 אוהב טוב נלחם עם זר
[13] ונגד ערים יחזיק צנה :	ונגד ערים יחזיק צנה : /
37. 6 אל תשכח חביר בקרב	37. 6 אל תשכח חבר בְקֶרֶב
ואל תעזבהו בשללך :	ואל תעזבהו בשללך :
37. 7 כל יועץ יניף יד	37. 7 כל / יועץ אומר חזה
אך יש יועץ דרך אל לץ :	אך יש יועץ דרך עליו :

[13] This bicolon is written vertically in the left margin of MS B.

MS D

37. 8 מיועץ / שמר נפשך
ודע לפנים מה [..]רכו
כי גם הוא / נפשו יחשב
למה זה אליו יפול :
37. 9 ויאמר לך להביט / דרכיך
וקם מנגד להביט ראשך :
37.10 אל תועץ עם / חמיך
וממקנא העלים סוד :
37.11 עם אשה אל צרתה /
ומלוכד על מלחמה
עם סוחר אל מכב {תתגרו}
ומקונה / על ממכרו :
עם איש רע על גמילות חסד /
ואכזרי על טוב בשר :
פועל שכיר על מלאכתו /
שכיר שנה על מוצא זרע :

MS B

37. 8 מיועץ שמור נפשך
ודע לפנים מה צורכו :
[.......]לנפשו יחשב
למה זה אליו יפול :
37. 9 [.......] לן.. ..] דרכך
וקן.....] להביט רישך :
37.10 [....... ....]לן....]
[..............]
37.11 עם אשה על צרתה
ומדר אל מלחמתו :
עם סוחר אל תתגר
וממקנה {א} על ממכר :
עם איש רע על תמלת חסד
ואכזרי על טוב בשר :
פועל שוא על מלאכתו
שומר שוא על מוציא רע

MS B	MS C	MS D
37.12 אך אם יש מפחד תמיד		37.12 אך אם איש מפחד {תמיד} /
אשר תדע שומר מצוה :		[...]ת[.]ע שומר מצוה :
אשר עם לבבו כלבבך		אשר [..]לבבו כל[..]ך /
אם תכשל יגיע אליך :		ואם יכשל יעבר בך :
37.13 וגם עצת לבב הבין		37.13 וגם עצת לבב[.] כך
מי יאמין לך אמן :		כי אם / אמון ממנו
37.14 לב אנוש יגיד שעיותיו		37.14 לב אנוש מגיד שעיותיו
משבעה צופים על מצפה :		משבעה / צפים על שן :
37.15 ועם כל אלה עתר אל אל		37.15 ועם כל אלה העתר אל אֱל /
אשר יכין באמת צעדיך :		אשר יכין באמת צעדך :
37.16 ראש כל מעשה דבר		37.16 ראש כל מעשה מאמר /
וראש כל פועל היא מחשבת :		לפני כל פעל היא מחשבת :
37.17 עקרת תחבולות לבב		37.17 עקר תחבולות / לבב
ארבעה שבטים יפ[...] :		ארבעה שרביטי[.] יפריח :
37.18 טוב ורעה וחיים ומות		37.18 טוב ורע מות / וחיים
ומושלת בם כליל לשון :		ומשלח בם כליל לשון :
37.19 יש חכם לרבים נחכם	37.19 יש / חכם לרבים נחכם	37.19 יש חכם לרבים / נחכם
ולנפשו הוא גואל :	ולנפשו / הוא גואל ·	ולנפשו הוא נואל :

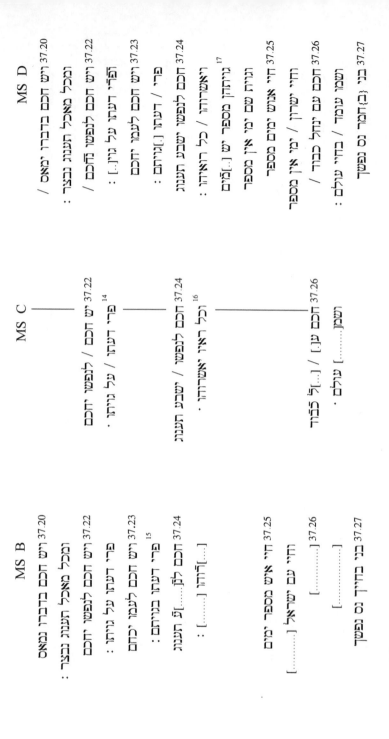

MS B	MS C	MS D
37.20 ויש חכם בדברו נמאס		37.20 ויש חכם בדברו ימאס /
ומכל מאכל תענוג נבצר :		ומכל מאכל תענוג נבצר :
37.22 ויש חכם לנפשו יחכם	37.22 יש חכם / לנפשו יחכם	37.22 ויש חכם לנפשו נ̇חכם /
פרי דעתו על גויתו :	[14] פרי דעתו / על גויתו ·	ו̇פ̇ר̇י דעתו על גוי[..] :
37.23 ויש חכם לעמו יכחם		37.23 ויש חכם לעמו יחכם
[15] פרי דעתו בגויתם :		פרי / דעתו [.]גויתם :
37.24 חכם לנ̇[.....]ע̇ תענוג	37.24 חכם לנפשו / ישבע תענוג	37.24 חכם לנפשו ישבע תענוג
[....]ר̇והו [........] :	[16] וכל ראיו יאשרוהו ·	ויאשרוהו / כל רואיהו :
		[17] גויתהן מספר יש [..]מ̇ים
		וגוית שם ימי אין מספר
37.25 חיי איש מספר ימים		37.25 חיי אנוש ימים מספר
וחיי עם ישראל [..........]		וחיי ישרון / ימי אין מספר
37.26 [............]	37.26 חכם ע[.] / [...]ל̇ כ̇ב̇וד	37.26 חכם עם ינחל כבוד /
[................]	ושמ[........] עולם ·	ושמו עומד / בחיי עולם :
37.27 בני בחייך נס נפשך		37.27 בני {ב}חמר נס נפשך

[14] For the reconstruction as דעתו see P.C. Beentjes, 'Some Misplaced Words ...', 401

[15] This bicolon is found in the right margin of MS B.

[16] For the reconstruction as לנפשו and ראיו see P.C. Beentjes, 'Some Misplaced Words ...', 401.

[17] This bicolon is written vertically in the left margin of MS D.

MS D

וראה מה רע / לה ואל תתן לה :
37.28 כי לא לכל טוב תענוג
ולא לכל / נפש כל זן תבחר :
37.29 אל תזד אל תענוג
ואל / תת[...] על מטעמים :
37.30 כי ברב אוכל יקנון / חולי
והמזיע יגוע על זרא :
37.31 בלא מוסר רבים / גועו
והנשמר יוסיף חיים :
38. 1 רעה רועה רופא לפי /

MS B

וראה מה רע לה אל תתן לה :
37.28 כי לא הכל לכל טוב
לא כל נפש כל זן תבחר :
37.29 אל תזרע לכל תענוג
ואל תשפך על כל מטעמים :
37.30 כי ברוב תענוג יקנן חולי
והמרבה יגיע אל זרא :
37.31 בלא מוסר רבים יגועו ועועו
והנשמר יוסיף חיים :
38. 1 רעי רופא לפני צרכו
גם אתו חלק אל :

	MS M	MS B
39.27	[.................]	כל [....]ים ייטיבו
	[.......] לזרה נ̇[.]פ̇כו	כן לרעים לרעה נהפכו :
39.28	[.................]	[.............]צרו
	[.......]ים יע̇[.]י̇קו	[.......]ם יעתי̇ק̇[.]
	[................]	[.................]
	[.......]הם יניח̇ו̇	[.................]
39.29	[...........]	אש וברד רע ודבר
	[...........]או	גם אלה למשפט נ[....]
39.30	[............]	חית שן עקרב ופתן
	[............]בם	וחרב נקמות להחרים [...]
	[................]	כל אלה לצורכם נבראו
	[................]ו̇	והמה באוצר ולעת יפקדו :
39.31	[.............]	בצותו אתם ישישו
	[...........]ה̇ו	ובחקם לא ימרו פיו :
39.32	[..............]	על כן מראש התי[.]בתי
	[.................]י	והתבוננתי ובכתב הנחתי :

MS M

40.11 כל מן[..........]

[..............]

40.12 כל מש̇ן[..........]

[..............]

40.13 חיל מעול̇[.......]

[..................]ת

40.14 עם שאתו כפ̇[......]

[...........]

40.15 נצר חמס לא יכ̇[...]

[...........] צר

40.16 כקרמית על גפות נחל

[.....] חצ̇[.]ר̇ נדעך

40.17 חסד כעד̇ לא תכרת

[...]קה לע̇ד ת̇כן

MS B

40.11 כל מארץ אל ארץ ישוב

ואשר ממרום אל מרום :

40.13 מחול אל חול כנחל איתן

ומאפיק אדיר בחזיז קולות :

40.14 עם עם שאתו כפים יגילו

כי פתאם לנצח יתם :

40.15 נצר מחמס לא ינקה

כי שורש חנף על שן סלע :

40.16 כקרדמות על גפת [.]חל

מפני כ̇ל מטר נדעכו :

40.17 וחסד לעולם̇ לא ימוט

וצדקה לעד תכון :

MS M

40.18 חיי יתר [.]כר ימתקו
ומשניהם מוצ[.....]
40.19 ילד ו[......]ידו שם
ומשניהם מ[........]
שאר [............................]
[............................]

40.26 [.............]
[....]הם [.........]
[.................]
[....]לבקש עמה משען
40.27 [.................]
ועל כל כ[...] חפתה
40.28 [..............]
טוב [...]ף מפני חצף
40.29 [................]
[..........]ות חיים

MS B

40.18 חיי יין ושכר ימתקו
ומשניהם מוצא אוצר :
40.19 ילד ועיר יעמידו שם
ומשניהם מוצא חכמה
שגר ונטע יפריחו שם
ומשניהם אשה נחשקת

40.26 חיל וכח יג[...] לב
ומשניהם [......]הים :
אין [.]יראת יְיָ מחסור
ואין לבקש עמה [...]ן :
40.27 יראת אלהים כעדן ברכה
וכן כל כבוד חפתה :
40.28 מני חיי מתן אל תחי
טוב נאסף ממסתולל :
40.29 איש משגיח על שלחן זר
אין חייו למנות חיי[.] :

MS M

40.29b [........]מטן[......]

[...]ש יודן[..]סור מעים

40.30 בפי עז [..]ש תן[........]

[.....]ו כאש תבער

41. 1 הון[.] לן[.........]ך

[.]איש שקט על מכונתו

[...] שלו ומן[....] בכל

עוד בו כח לקבל תענוג

41. 2 [..]ע למות מה טוב [...]

[.]אין אונים וחסר עצמה

איש כשל ונוקש בן[..]

אפס המרה ואבוד תקוה

41. 3 אל [.]פחד ממות [.]קך

זכר קדמון ואחרון עמך

41. 4 זן[.] קץ כל [.......]

[............]עלין[..]

לעשר מאה ון[..]ף שנים

[.............]

MS B

40.29b מעגל נפש מטעמו

לאיש יודע סוד מעים :

40.30 לאיש עוז נפש תמתיק שאלה

ובקרבו תבער כמו אש :

41. 1 חיים למות מה [.]ר יברך

לאיש שוקט על מכונתו :

איש שליו ומן[.]ליח

ועוד בן[..]יל לקבל תענוג :

41. 2 האח למות כי טוב חקיך

לאיש אונים וחסר עצמה :

איש כושל ינקש בכל

סרב ואבד תקוה :

41. 3 אל תפחד ממות חוקיך

זן[..]ר כי ראשנים ואחרנים עמך :

41. 4 זה חלק כל בשר מאל

ומה תמאס בתורת עלין[..]

לאלף שנים מאה ועשר

איש תוכחות בשן[..]ל חיים :

MS M

41. 5 נין נמאס תן...]ות רעים

[.............] שׂע

41. 6 [.....]ל תֹּאבֹד מֹמֹן...]

[..........] חרפה

41. 7 [.....]יקב ילן.]

[.....]ללו היו בוז

41. 8 [.....]אֹנשׁי עֹ[...]

עֹזבי תורת עליון

41. 9 [.............]

ואם תולידו לאנחה

[......]ו לשמחת עלם

ואם תמותו לקללה [18]

41.10 [...]אפס אל אפס ישוב

כֹן חנף מתהו אל תהו

41.11 [............]םֹ

[...]ם חסֹד ללא יכֹרֹתֹ

MS B

41. 5 נין נמאס דבר רעים {ערים}

ונכד אויל [.......]ע :

41. 6 מבן עול ממשלת רע

[....] זרן.........]

41. 7 אב רשע יקו[..]לן.]

כי [..]ללן......]

41. 8 [...]ל [.........]

[.............]יון

41. 9 אםֹ [......] ידי אסון

[......]ולידו לאנחה :

[.]ם תכשלו לשמחת עולם

[..] אם תמותו לקללה

41.10 כל מאפס אל אפס ישוב

כן חנף מתהו אל תהו :

41.11 הבל אדם בגויתו

אך שם חסד לא יכרת :

---

[18] There are some illegible characters in MS M before ואם.

MS M

41.12 [.....] שם כי הוא ילוך

מאֿלֿפֿי [........]ה

41.13 [..]בת חי [.]ספר ימים

וטו[.......] אין מספר

41.14 [.]כמה֯ טמונה ושימה מסותרת

מה תעלה ב{ש}תיהם

41.15 [.]וב איש מטמ[..]ולתו

מאיש [.]צפן חכמתו

MS B

41.12 פחד על שם כי הוא ילוך

מאלפי אוצ רות חכמה :

41.13 טובת חי ימי מספר

וטובת שם ימי אין מספר :

41.14 חכמה טמונה ואוצר מוסתר

מה תועלה בשתיהם :

41.15 טוב א[.]ש֯ מצפין אולתו

מאיש מצפין חכמתו :

MS B

41.15 מ̆ו̆ס̆ר̆ ב̆ש̆[.] ש̆מ̆ מוסר בשת :

מוסר בשת שמ̆ע בנים

והכלמו על משפטי :

41.16 לא כל בשת נאה לשמר

ולא כל הכלם נבחר :

MS C

41.16 לא כל בשת נאה לשמר /

ולא כל הכלם נבחר·

MS M

41.15 מוסר בשת שמעו בנים

[...]לן.[ו על משפטי

41.16 לא כל בשת נאוה לב̆וש

ולא̆ כל הכלם נבחר

MS M

41.17 בוש מאב ואם על פחז
מנשיא ושר על [...]
41.18 מאדון וגבר֯[.] על קשר
מעדה ועם [.]ל֯ [.]שע
משותף֯ ורע על מעל
ממקום תגבר [..]יד
41.19 מהפר֯ אלה וברית
וממט֯ה֯ אציל על לחם
ממ[...]תת שאלה
ומהשיב את פני שארך
41.21 מ{ח}שות מחל{ק}ת מנ֯ה
ו֯מ֯שאל שלום החריש֯
מהביט [........]
ו֯מ֯התבונן אל זרה
41.22 מהתעשק [.....]ה֯ לך
ומהתקומם על יצעיה

MS B

41.17 בוש מאב ואם אל זנות
מנשיא יושב אל כחש :
41.18 מאדון וגברת על שקר
מעדה ועם על פשע :
[. . . ..]רע על מעל
וממקום תגור על זר :
41.19 [..........]ל֯ה וברית
ממטה אציל אל לחם :
[.......]אלה
מחשב אפי רעך :
41.21 מהש֯[.....]ל֯[...] מנה
[.. ..]ל שלום מ{ה}חריש :
מהביט [...... ......]
ומה֯[.]ק[...]ל [... ..]

MS M

מאהב על דברי חסד

ומאחר מתת חרף

42. 1 משנות דן.]ר̇ תשמע

ומחשף כל דבר עצה

[....]ת̇ בייש בוש באמת

ומצא חן בעיני כל חי

[..] על אלה אל תבוש

ואל תשא פנים וחטא

42. 2 על תורת עליון וחק

ועל משפט להצדיק רשע

42. 3 על חשבון שותף ודרך

ועל מחלקת נחלה ויש

42. 4 על שחקי מזנים ופלס

ו[.]ל תמחי איפה ואבן

על מקנה̇ בין ר̇[.] ל[...]

[....]מחיר ממכר תגר

42. 5 [............]ה

ועבד רע וצלע מהלכת

MS B

41.22 מאוהב על [..]ר̇י חרפה

ומאחרי מ[..] א[...]א̇ץ :

42. 1 משנות דבר תשמע

ומחסוף כל סוד עצה

והיית בוש באמת

ומצא חן בע̇יני כל חי :

אך על אלה אל תבוש

ואל תשא פנ̇י̇ם וחטא :

42. 2 על תורת עליון וחוק

ועל מצדיק להצדיק רשע :

42. 3 על חשבון ~~ב~~ חובר ואדון {וארח}

ועל מח̇לקות נחלה ויש :

42. 4 ועל שחק מא̇זנים ופלס

ועל תמהות איפה ואבן :

על מקנה בין רב למעט

וע̇ל ממחיר̇ [...]ר ת̇גר :

MS M

42.6 [..........]ת חותם
ומקום ידים רבות מפתח
42.7 [.......]פקיד מספר
ש[......]ת הכל בכתב
42.8 על מ[.....]ותה וכסיל
[.]ב כושל ענה בזנות
והיית זהיר באמת
[........] לפני כל ח[.]
42.9 בש[.] לאב מטמון ש[..]
[.........]יד נומה
בנ[.]וריה פן {ת}מאס
וב[..]יה פן [....]
42.10 בבתוליה פן תחל
ועל אישה [..] תשט[.]
בית אביה פן תזריע
ובעל[.......]

MS B

42.6 על אשה רעה חותם : חכם
ומקום ידים רפות תפתח :
42.7 על מקום תפקד יד תספור
ומתת ולקח הכל בכתב :
42.8 על מוסר פותה וכסיל
ושב וישיש ונוטל {ושואל} עצה בזנות :
והיית זהיר באמת
ואיש צנוע לפני כל חי :
42.9 בת לאב מטמנת שקר
דאגה תפ[.......]
בנעוריה פן תגור
ובבתוליה פן [....]
42.10 בבתוליה פן תפותה
ובבי[........]
בבית אביה פן [.. ...]
ובבית א[........]

MS M

42.11 [.....] בת֯ חזן[.] משמ֯ר

[............]

דבת עיר וקהלת עם

[............]ר֯

מקום תגור אל יהי

[..............]ב

42.12 לכל זכר אל תבן תאר

[...............]

42.13 כי מבגד יצא סס

[....]ה רעת [.]ש֯ה

42.14 טוב רע איש מטיב א֯שה

ובת מפחדת מכול חרפ֯ה

42.15 אזכרה נא מעשי אל

ו֯זה חזית֯י ואשננה

באמר אדני מעשיו

ו֯פעל רצנו לקחו

42.16 שמש זהרת על כל נגלת֯[.]

[..]ב֯וד אדני מלא מעשיו

MS B

42.11 [....]ל [...]ל֯[......]

[.......] שם סרה :

דבת ע֯י֯ר וק[..]ת עם

והוש֯בתך [..]דת שער :

[.]ק֯ום תגור אל יהי אשנב

ובית מביט מבוא סביב :

42.12 לכל זכר אל תתן תאר

ובית נשים אל תסתויד :

42.13 כי מבגד יצא עש

ומאשה רעת אשה :

42.14 מטוב רוע איש מטיב אשה

ובית מחרפת תביע אשה :

42.15 אזכר נא מעשי אל

וזה חזיתי ואספרה :

באומר אלהים רנ[..]ו

ופועל רצונו לקחו :

42.16 שמש זור[.]ת על כל נגלתה

וכבוד ײ על כל מעשיו :

MS M

42.17 לא השפיקו קדשי אל
לספר כל נפלאתיו
אמץ אדני [..]איו
להתחזק לפני כבודו
42.18 תהום ולב חקר
ובמערמיהם יתבונן
כי ידע עליון דן[..]
[.]מביט אתיות עולם
42.19 מחוה חליפות [......]
[.]מן.]לה [.]קר [..]תרות
42.20 לא נעדר מפניו שכל
ול[.] אבן.]ו כל דבר
42.21 גבורת חכמ[.....]
אחד [.....]ולם
לא נאסף [......]
[.]לן.......]ל מבין
42.22 הלוא כל מעשיו נחמד[..]
עד ניצוץ וחזות מראה

MS B

42.17 לא הספיקו קדושי אל
לספר נפלאות ייי :
אימץ אלהים צבאיו
להתחזק לפני כבודו :
42.18 תהום ולב חקר
ובכל מערומיהם יתבונן :

42.19 מחוה חליפות נהיות
ומגלה חקר נסתרות :
42.20 לן..]עדר ממנו כל שכל
ולא חלפו כל דבר :
42.21 גן.......]תו תכן
אחד הוא מעולם :
לן......]לא נאצל
ולא צריך לכל מבין :

MS M

42.23 הכל חי ועֹ[..] לעד
[...]ל צרך והכל נשמר

42.24 כלם [.........] לעמת זה
ולא עשה מ[.....]
42.25 זה על זה חלף טובם
[.]מי ישבע להביט הודם
43. 1 תאר מרום ורקיע לטהר
עצ[.] שמים [........]
43. 2 שמש מופי[.] בצאתו נכסה
כלי נורא מעשי [.]ליון
43. 3 בהצהירו י[...]ח תבל
ולפני חרב מי יתכולל
43. 4 [.]ור [.]פון[.] מעשי מוצק
של[...]מש [........]
לשון מאור ת[.]מור נושבת
[............]

MS B

*42.23 הוא [.... ......]לו[..]
ולכל [..]רך [...]ל [..]מע :

*42.24 כלם שונים זה מזה
ולא עשה מהם שו[.]
*42.25 זה על [.]ה חלף טובו :
וימי ישב[.] ל[........]
*43. 1 [...........]ל[...]
ועצם שמי[..]רביט הדרו
43. 2 שמש מביע בצרתו חמה
מה נורא מעשי ייי :
43. 3 בהצהירו ירתיח תבל
לפני חרבו מי יתכלכל :
43. 4 כור נפוח מהם מצוק
שלוח שמש ידליק הרים :
לשאון מאור תגמר נושבת
ומנורה תכוה עין :

MS M

43. 5 כי גדול אדנ[.] עשהו
ודן[..........]

43. 6 וגם [..]ח יאריח עתות
מן[............]

43. 7 לו מן[...] וממנו חג
[............]

43. 8 [..]ש כשמו הוא מן[....]
[............]
כלי צבא נבלי מרום
מן[............]

43. 9 תור שמים והוד כוכב
עד ומשריק במר[.....]

43.10 בדבר אדני יעמד חק
ולא ישח באשמרתם

43.11 ראה קשת וברך עשיה
כי מן[.]ד נהדרן[.....]

43.12 חון[.....] בכבודה
[.]יד אל נטתה בגב[...]

MS B

43. 5 כי גדיל ייי עשהו
ודבריו ינצח אביריו :

43. 6 וגם ירח ירח עתות שכות
[.]משלת קץ ואות עולם :

43. 7 בם מועד וזמני חוק
וחפץ עתה בתקופתו :

43. 8 חדש בחדשו הוא מתחדש
מה נורא בהשתנותו :
כלי צבא נבלי מרום
מרצף רקיע מזהירתו :

43. 9 תואר שמים והדר כוכב
ואורו מזהיר במרומי אל :

43.10 בדבר אל יעמד חק
ולא ישח באשמרותם

43.11 ראה קשת וברך עושיה
כי מאד נאדרה [...]וד :

43.12 חוק הקיפה בכבודה
ויד אל נטתה [....]

MS M

43.13 גערתו [....] ברד
ותנצח זיקות משפט
43.14 למענו פרע אוצר
ויעף עבים כעיט
43.15 גבורתו חזק ענן
ותגדע [..]ני ברד
43.16 קול רעמו יחיל ארצו
ובכחו יניף הרים
אמ[...] תחריף תימן
עלעול סופה וסערה
43.17 כרשף ופרח שלגו
וכארבה ישכן רדתו
43.18 תור לבנו יהג עינים
ומֿמטרו יתמיה לבב
43.19 [......]ר כמלח ישפך
ויצמח כסנה צצים
43.20 [........]פון ישיב
וכרגב יקפיא מקור

MS B

43.13 גבורתו תתוה ברק
ותנצח זיקות [.....]
43.14 למען ברא אוצ[.]
ויעף [........]
43.15 [..................]
[................]
43.16 קול [.....]חול ארצו
זלעפו[....]ן סופה וסערה :
43.17 [.]רשף יניף שלגו
וכארבה ישכון דרתו :
43.18 תואר לבנה יגהה עינים
וממטרו יהמה לבב :
43.19 וגם כפור כמלח ישכון
ויציץ כספיר ציצים :
43.20 צינת רוח צפון ישיב
וכרקב יקפיא מקורו :

	MS M		MS B
	[......]מד {מים} יקר̄[..]		על כל מעמד מים יקרים
	[............]		וכשרין ילבש מקוה :
43.21	[......]ם {ח̄ר̄ב̄} ישן[..]	43.21	יבול {הרים} כחרב ישיק
	[............]		ונוה צמחים כלהבה :
43.22	[.............]	43.22	מרפא כל מערף ענן טל
	[..........]		פורע לדשן שרב :
43.23	[............]	43.23	מחשבת[...]שיק רבה
	[.......] א̄יים		ויט בתהום איים :
43.24	[................]	43.24	יורדי הים יספרו קצהו
	[.]שמע אזנינו נשמתם		לשמע אזננו נשתומם :
43.25	[..............]	43.25	שם פלאות תמהי מעשהו
	[.......]ג̄ב̄ו̄ר̄ת̄ ר̄ה̄ב̄		מין כל חי וגבורות רבה :

MS M

44. 1 חסד [..........]
את אבן[...........]
44. 2 רב כבוד חלֹקֹ עליון
וגדלה מין[.......]
44. 3 ויעצים בתבונתם
וחזי כל בנבן[....]
44. 4 שרי גוי [.]מזמֹן[..]
ורזֹנים במחקקֹן[..]
חכמי שיח בספרתם
ומשלים בן[.....]
44. 5 חקֹרי מזמור על קו
ונשאי משן[.....]

MS B

44. 1 שבח אבות עולם ··
אהללה נא אנשי חסד
אבותינו בדורותם :
44. 2 רב כבוד חלק עליון
וגדלו מימות עולם :
44. 3 דורי ארץ במלכותם
ואנשי שם בגבורתם :
היועצים בתבונתם[19]
וחוזי כל בנבואתם :
44. 4 שרי גוים במזמתם
ורוזנים במחקרותם
חכמי שיח בספרתם
ומושלים במשמהותם :
44. 5 חוקרי מזמור על חוק
נושאי משל בכתב :

[19] Some illegible characters follow.

MS M

44.6 אנשי חיל וסמכי כח
ושׂקֿ[..........]
44.7 כל אלה בדרם נכבדו
[............]
44.8 יש מהם הניחו שֿם
להֿ[..........]
44.9 ויש מהם שאין לו זכר
[.............]
כאשר לא היו היו
וֿ[...........]
44.10 אולם אלה אנשי חסד
וֿ[..........]
44.11 אם זרעם נאמן טובם
ונח[...........]
44.12 בבריתם עמד זרעם
וצאצאיהםֿ [......]
44.13 עֿדֿ עולם יעמד זרעם
וכבודם לא ימ[..]

MS B

44.6 אנשי חיל וסומכי כח
ושוקטים על מכונתם :
44.7 כל אלה בדורם
ומימיהם תפארתם :
44.8 יש מהם הניחו שם
להשתענות בנחלתם :
44.9 ויש מהם אשר אין לו זכר
וישבתו כאשר שבֿתו :
כאשר לא היו היו
ובניהם מאחריהם
44.10 ואולם אלה אנשי חסד
ותקותם ל[....]ת :
44.11 עם זרעם נאמן טובם
ונחלתם ל[.......]
44.13 עד עולם יעמד זכרֿ[.]
וצדקת[.] ל[.....]

MS M

44.14 וגו[...]ם בשלום נאספה

[.]שמם חי לדור ודור

44.15 [.........] עדה

ותהלתם יספר קהל

44.17 נוח צדיק נמצא תמים

ב[............]

ב[............]

[.............]

MS B

44.14 [........]ל[.......]

[..........] ודור :

44.15 חכמתם תש[..] עדה

ותהלתם יספר קהל :[20]

44.16 חנוך [...]א תמים והתהלך עם ייי

ו[..]קח אות דעת לדור ודור :

44.17 [.]ח צדיק נמצא תמים

לעת כלה היה תחליף :

בעבור היה שארית

ובבריתו חדל מבול :

[20] The text of 44,15 is written vertically in the left margin of MS B.

11QPs[a]

51.13 אני נער בטרם תעיתי
ובקשתיה
51.14 באה לי בתרה
ועד / סופה אדורשנה
51.15 גם גרע נץ בבשול ענבים
ישמחו לב /
דרכה רגלי במישור
כי מנעורי ידעתיה

51.16 הטיתי כמעט / אוזני
והרבה מצאתי לקח
51.17 ועלה היתה לי
למלמדי אתן / הודי
51.18 זמותי ואשחקה קנאתי בטוב
ולא אשוב
51.19 חריתי / נפשי בה
ופני לוא השיבותי

MS B

51.13 אני נער הייתי
וחפצתי בה ובקשתיה :

51.15 באמתה דרכה רגלי
אדני מנעורי חכמה למדתי :
51.16 ואתפלל תפלה בנערותי

והרבה מצאתי דעה :
51.17 עלה היה לי לכבוד
ולמלמדי אתן הודאה :
51.18 חשבתי להיטיב
ולא אהפך כי אמצאנו :
51.19 חשקה נפשי בה
ופני לא אהפך ממנה :

11QPs[a]	MS B
51.20 טרתי נפשי בה	51.20 נפשי נתתי אחריה
וברומיה לוא / אשלה	ולנצח נצחים לא אט[.] מ̊מ̊[..]
ידי פת[.......]	ידי פתחה שעריה
[..]ע̊רמיה̊ אתבונן	ולה אח[..] ואביט בן[....]
כפי הברותי אל /	ובטהרה מצאתי ולבקניתי לה
	מתחלתה בעבור כן[......]
51.30 [...........] שכרכם בעתו	51.30 מעשיכם עשו בצדקה
	והוא נותן לכם שכרכם בעתו :
	ברוך ייי לעולם
	ומשובח שמו לדר ודר :

INDEX

As this text edition presents the Hebrew text of the Book of Ben Sira in a different way from text editions such as of Vattioni and Ben-Ḥayyim, this index provides a quickly way of finding a verse. Texts recovered in two or three manuscripts are to be found in Part II, where they are compiled into a synopsis, as well as in Part I, dealing with each manuscript separately.